dtv

Schwierigkeiten, mit denen Studierende oft allein gelassen werden: Wie werden komplizierte Texte geknackt? Worauf kommt es bei den Hausarbeiten an? Wie können Referate sicher und anschaulich vorgetragen, Diskussionen mit klaren Argumenten gemeistert werden? Wer heute erfolgreich studieren will, muß wissen, wie die Informationsflut bewältigt werden kann, die Lektüre organisiert, Texte strukturiert und Vorträge konzipiert. Norbert Franck bietet Soforthilfe für die drei entscheidenden Grundsituationen im Studium: Lesen, Schreiben, Reden. Er konzentriert sich auf direkt brauchbares und umsetzbares Wissen, vermittelt Schlüsselqualifikationen, die ohne Umwege zum Ziel führen.

Dr. Norbert Franck, geboren 1950, studierte Pädagogik, Soziologie, Psychologie, Germanistik und promovierte über die Probleme des Studienanfangs. Seit 1979 unterrichtet er an Hochschulen und in der Weiterbildung. Er hat mehrere Sachbücher veröffentlicht.

Norbert Franck

Fit fürs Studium

Erfolgreich lesen, reden, schreiben

Deutscher Taschenbuch Verlag

Originalausgabe
Januar 1998
© Deutscher Taschenbuch Verlag GmbH & Co. KG, München
Umschlaggestaltung: Balk & Brumshagen
Umschlagfoto: © IFA-Bilderteam
Satz: Verlagsbüro Walter Lachenmann, Waakirchen
Gesetzt aus der Times und Helvetica (Textline 2.05)
Druck und Bindung: C.H. Beck'sche Buchdruckerei, Nördlingen
Gedruckt auf säurefreiem, chlorfrei gebleichtem Papier
Printed in Germany · ISBN 3-423-33009-0

Inhalt

Einleitung 7

Mythos Wissenschaft 13
Widersprechende Antworten 15
Neugierig statt »auf der Hut« sein 17
Wissenschaftliche Standards beachten 19
    Begründen 20
    Erklären 20
    Bezüge herstellen 21
    Standpunkt und Perspektive reflektieren 23

Lesen 29
Richtig starten: Fragen, Fragen, Fragen 31
    Was will ich wissen? W-Fragen 31
    Was kann ich erwarten? Relevanz prüfen 34
Worauf es ankommt: Lesen muß Methode haben 37
    Den Inhalt erfassen: Inhaltlich gliedern 38
    Den Aufbau erfassen: Logisch gliedern 40
    Wenn es darauf ankommt: Exzerpieren 43
    Du sollst Dir Bilder machen: Visualisieren 47
Last but not least: Bilanz ziehen 52

Schreiben 54
Von der Themenwahl bis zur Endfassung 56
    Ein Thema analysieren 58
    Literatur beschaffen 64
    Literatur auswerten 67

Das Thema erarbeiten	70
Das Thema darstellen und in Form bringen	83
Hausarbeit & Co: Textformen	86
Die Hausarbeit	87
Thesen und Thesenpapier	107
Schreiben und umschreiben	110
Vorsicht Schreibhürden	111
Verständlich schreiben	118
Ich, wir oder man?	126

Reden 129

Eine Rede ist keine »Schreibe«: Ein Referat vorbereiten	130
An die Zuhörerinnen und Zuhörer denken	131
Was imponieren soll, muß Struktur haben: Einleitung, Hauptteil, Schluß	132
Eine gute Stütze: Das Manuskript	141
Der letzte Schliff	146
Students little helper: Medien einsetzen	147
Ansprechen statt einschläfern: Ein Referat halten	154
Lampenfieber: Was tun?	155
Anfang und Ende, Gestik und Mimik: Referieren	158
K(l)ein(e) Unglück(e): Was tun, wenn...?	163
Es war mir ein Vergnügen: Diskussion	165
Engagiert statt frustriert: Sich an Diskussionen beteiligen	166
Cool bleiben: Sich in Diskussionen behaupten	175
Sich als Studentin in Diskussionen behaupten	184
Leiten statt leiden: Diskussionen leiten	188
Literatur	193
Sachregister	195

Einleitung

Professoren klagen häufig. Über Studentinnen und Studenten. Viele Studierende, so klagen Lehrende,
- sind unfähig, das Wesentliche eines Textes zu erfassen,
- geben Gelesenes ungenau oder unreflektiert wieder,
- können nicht zwischen eigener Meinung und dem Inhalt eines Textes unterscheiden,
- argumentieren in Diskussionen nicht schlüssig,
- gliedern und strukturieren Referate schlecht,
- lesen im Seminar sechs und mehr Seiten vor statt nach Stichworten frei zu referieren.

Diese Klagen haben Tradition. Hochschullehrer urteilen seit fast zweihundert Jahren nach dem Motto »die Studierenden von heute sind auch nicht mehr das, was ich früher einmal war«.
  Auch Studentinnen und Studenten klagen häufig. Über Professorinnen und Professoren. Lehrende, so klagen Studierende,
- formulieren unklare Arbeitsaufträge,
- vermitteln keine Methoden und Verfahren für den Umgang mit wissenschaftlicher Literatur oder die Bearbeitung einer Fragestellung,
- führen nur in die Inhalte, aber nicht die Arbeitsweisen eines Faches ein,
- lassen Studierende mit Problemen beim Schreiben allein,
- erläutern nicht, wie ein Thema strukturiert werden kann,
- verzichten auf konkrete Rückmeldungen darüber, was bei einem Referat wie und warum hätte besser gemacht werden können.

Und wer hat nun recht? Die Frage ist falsch gestellt: Was nützte es der Studentin, die sich mit einer Hausarbeit quält, wenn ihre Klage über Professoren berechtigt wäre? Welchen Nutzen hätte die Professorin, wenn ihre Klagen über unstrukturierte Diskussionen zuträfen? Fragen nach Recht (oder Schuld) sind unfruchtbar. Sie helfen so wenig wie die regelmäßig wiederkehrende Diskussion darüber, ob die Schule oder die Hochschule für die Vermittlung von Studientechniken zuständig ist. Statt das Problem anzupacken, wird viel Energie darauf verwandt, einander wechselseitig die Verantwortung zuzuweisen. Studentinnen und Studenten ist damit nicht geholfen.

Die Hochschulen haben 1,8 Millionen Kundinnen und Kunden. Doch die sind nicht König oder Königin. Solange das Studium nicht als »zentrales Element von Hochschule« (Daxner, S. 40) gesehen wird, solange über eine Karriere im Wissenschaftsbereich die Zahl der »einschlägigen« Veröffentlichungen entscheidet – solange läßt sich zwar vieles wünschen. Aber wer Probleme hat, eine Hausarbeit zu schreiben oder im Seminar zu referieren, kann nicht auf bessere Zeiten warten, sondern braucht »Soforthilfe«. Dieses Buch soll sie leisten.

Für drei Grundsituationen im Studium gebe ich Arbeitshilfen: für
- den Umgang mit wissenschaftlicher Literatur,
- das Schreiben von Texten und
- das Reden über das, was beim Lesen und Schreiben erarbeitet wurde.

Lesen, schreiben, reden – das mag profan, banal oder trivial klingen. Rezeption, Textproduktion und Kommunikation klingt sicher anspruchsvoller. Doch warum nicht klare Worte benutzen, wenn es um grundlegende Kenntnisse und Fertigkeiten geht?

Lesen

Goethe ließ »seinen« Eckermann für die Nachwelt notieren:
»Die guten Leutchen wissen nicht, was es einem für Zeit und Mühe gekostet, um lesen zu lernen. Ich habe achtzig Jahre dazu gebraucht und kann noch jetzt nicht sagen, daß ich am Ziele wäre.« (Bd. 24, S. 709)

Bescheidenheit ist eine Zierde. Sie, liebe Leserin, lieber Leser, müssen vor Ihrem achtzigsten Lebensjahr am Ziel sein. Lesen, *die* Tätigkeit im Studium, nimmt viel Zeit in Anspruch und ist oft sehr mühselig. Der Umgang mit wissenschaftlicher Literatur bereitet häufig mehr Frust als Lust: Zum einen dokumentieren viele Texte in erster Linie die Unfähigkeit der Autorinnen und Autoren, sich klar auszudrücken. Zum anderen fehlen vor allem Studienanfängerinnen und Studienanfängern Anhaltspunkte dafür, wie sie mit Texten umgehen sollen. Wenn es beim Studium eines Textes von Jürgen Habermas, Ilse Brehmer oder Jacques Donzelot allenfalls in zweiter Linie ums »Behalten« geht, worum geht es dann in erster Linie? Worauf kommt es an? Wie können falsche Lernwege vermieden werden?

Ich beobachte bei Studierenden im ersten und im neunten Semester sowohl ernsthaftes als auch oft vergebliches Bemühen, das, was sie gelesen haben, handhabbar und für ihre weitere Lektüre brauchbar zu machen. Zum Beispiel wird jeder neue Gedanke sorgfältig mit einem Highlighter markiert. Und weil so vieles neu ist, ist das Ergebnis ein bunter Text – aber kein Textverständnis. In den Text wird Farbe gebracht – aber nichts auf den Punkt.

Schreiben

Zwischen 400 und 800 Seiten, die Magister- bzw. Diplomarbeit mit rund 150 Seiten mitgerechnet, schreiben Sie während Ihres Studiums. Viele Studierende entwickeln Vermeidungsstrategien, wenn sie eine Hausarbeit oder ein Thesenpapier schreiben sollen: Plötzlich müssen, das weiße Blatt oder den leeren Bildschirm vor Augen, die schon ewig nicht mehr geputzten Fenster unbedingt und umgehend sauber gemacht oder die Eltern endlich einmal mit einem Besuch überrascht werden.

Während man in der Schule damit über die Runden kam, ein Thema »aus dem Kopf« zu Papier zu bringen, kommt man schon im zweiten Semester auf diesem Weg nicht weiter. Es müssen Zwischenergebnisse fixiert, Überlegungen strukturiert und schreibend Pfade in das Dickicht der Informationsfülle geschlagen werden. Doch wie geht das? Und wie geht man mit der Angst um, sich mit einem Thesenpapier oder Referat zu blamieren, weil es nicht »anspruchsvoll« bzw. »wissenschaftlich« ist?

Mit diesen Problemen werden Studierende allein gelassen. Bücher und Aufsätze begegnen Studierenden nicht als Resultat nachvollziehbarer Arbeit, sondern als Pflichtlektüre. Während an den Hochschulen der USA Schreibkurse zum festen Bestandteil des Curriculums gehören, sind solche Angebote hierzulande selten.

»Gäbe es solche Einrichtungen überall«, urteilt Andrea Frank, Initiatorin des Schreiblabors an der Universität Bielefeld, »würden vermutlich die Abbrecherquoten sinken, ganz sicher die Studienzeiten. Viele Studenten sammeln ganz normal sämtliche Scheine, sitzen dann aber zwei Jahre statt sechs Monate an der Abschlußarbeit. Manchmal ist es schon tragisch, welche Talente da verschüttet werden.«

Reden

»Hoffentlich ist es bald vorbei«, wird Tag für Tag in vielen Lehrveranstaltungen lautlos geseufzt: Irgendwer, ein Professor oder eine Studentin, hält ein Referat. Die Zuhörerinnen und Zuhörer halten sich nur mühsam wach; die Langeweile hält an. Die Hoffnung auf Erlösung ist oft vergebens. Nach fünfzehn oder dreißig Minuten wird Langeweile von Unbehagen abgelöst: Bleiernes Schweigen folgt auf ein unstrukturiertes Referat ohne erkennbare Fragestellung.

Alle kennen das Sprichwort »Was du nicht willst, das man dir tu', das füg auch keinem andern zu«. Doch nur wenige folgen bei Referaten dieser Maxime. So wird die Hochschule zur Leidensgemeinschaft. Die Leidensanteile sind unterschiedlich verteilt. Professorinnen und Professoren werden für schlechte Vorträge gut bezahlt und nicht bewertet. Studentinnen und Studenten investieren viel Zeit und Energie in die Erarbeitung eines Themas, und am Ende steht oft kein Erfolgserlebnis, sondern Nervosität und die bedrückende Feststellung, daß die Zuhörerinnen und Zuhörer sich kaum auf ihren Stühlen halten oder nur mühsam ihre Langeweile verbergen können.

Dabei wird – der Seminaralltag macht bescheiden – eigentlich gar nicht viel von einem Referat erwartet: eine klare Gliederung und ein Vortrag statt einer Ablese. Wenn dann noch eine Verbindung zu den Themen hergestellt wird, die zuvor im Seminar behandelt wurden, sind alle zufrieden. Es geht nicht darum, alles ganz anders zu machen, sondern darum, aus einem Thema etwas zu machen: ein Thema oder eine Fragestellung aufzubereiten statt zuzumuten.

Lesen, Reden, Schreiben: Was Sie erwarten können

Im Mittelpunkt dieser Arbeitshilfe stehen Antworten auf folgende Fragen:
- Wie kann ich mit wissenschaftlicher Literatur so umgehen, daß es gelingt, das Wesentliche rauszuziehen und nicht in der Detailfülle unterzugehen?
- Wie kann ich Texte klar gliedern und verständlich schreiben? Welche Strukturmerkmale sind bei einer Hausarbeit oder einem Thesenpapier zu beachten?
- Wie kann ich das, was ich erarbeitet habe, strukturiert und interessant vortragen und in Diskussionen vertreten? Was ist beim Referat (Vortrag) zu beachten?

Es geht um Kenntnisse und Fertigkeiten, die an der Hochschule stets vorausgesetzt und selten vermittelt werden. Nach der Lektüre dieses Buches wissen Sie, was zu tun und was zu beachten ist, wenn Sie Texte bearbeiten wollen, über ein Thema schreiben sollen oder über einen Sachverhalt referieren müssen. Sie müssen sich nicht mehr auf Ihre Intuition verlassen oder nach dem Prinzip Versuch und Irrtum vorgehen. Sie wissen vielmehr,
- welche Arbeitsschritte notwendig sind, um ohne Umwege zum Ziel zu kommen,
- mit welchen Methoden und Verfahren Sie an unterschiedliche Aufgaben herangehen können,
- welche Anforderungen mit unterschiedlichen Textformen verbunden sind,
- und was das heißt, dem Kriterium »wissenschaftlich« zu genügen.

Arbeitshilfen sind eine paradoxe Angelegenheit: Vor der Hilfe steht die Arbeit. Sie müssen meinen Text lesen, ihn verstehen und prüfen, ob meine Vorschläge Ihnen helfen. Vor allem das Prüfen ist wichtig. Es gibt kein gesichertes Wissen über »richtiges« Lesen, keinen Königsweg zum »guten« Reden und keinen Ariadnefaden durch das Labyrinth der kognitiven Prozesse beim Schreiben. Die Methoden und Verfahren, die ich Ihnen vorstelle, sind Angebote, keine Patentrezepte. In meinen Seminaren machen die meisten Studentinnen und

Studenten damit gute Erfahrungen. In diesen Seminaren können meine Vorschläge praktisch erprobt und überprüft werden. Das sollten Sie auch tun. Prüfen Sie kritisch, welche Arbeitshilfen Ihnen nutzen.

Studium ist Arbeit. Arbeit, die Spaß machen kann, wenn Sie sich beim Lesen, Schreiben und Reden nicht vergeblich Mühe gemacht haben, sondern mit Gewinn gelesen, einen vorzeigbaren Text geschrieben oder ein interessantes Referat vorgetragen haben. Das ist mit den Mitteln, die ich in den folgenden Kapiteln beschreibe, machbar.

Woran orientiert sich mein Angebot? An einer Beobachtung, die Sie und ich machen: Die Professorin oder der Assistent stellt Ihnen eine Aufgabe, und Sie sind auf sich gestellt. Sie müssen etwas leisten – lesen, schreiben, referieren –, und die Leistungsanforderungen sind vage. Sie haben die Freiheit, Schwerpunkte zu setzen, aber keine Anhaltspunkte, was ein »gutes« Referat oder eine »wissenschaftliche« Hausarbeit ausmacht.

Diese Situation hatte ich bei der Planung und beim Schreiben vor Augen. Mit Blick auf diese Situation habe ich Schwerpunkte gesetzt. Ich informiere, wie Sie ein Thema erschließen, eingrenzen und strukturiert zu Papier bringen bzw. für ein Referat aufbereiten können. Ich zeige, welche Arbeitsschritte notwendig und welche Mittel bzw. Verfahren hilfreich sind. Auf die eher formalen Anforderungen in diesem Prozeß gehe ich nur am Rande ein. Über richtiges Zitieren, korrekte Quellenangaben, Anforderungen an ein Literaturverzeichnis usw. informiere ich an anderer Stelle ausführlich (vgl. Rückriem, Stary, Franck).

Wenn Sie am Anfang Ihres Studiums stehen, sollten Sie das Buch vom Anfang bis zum Ende durcharbeiten. Denen, die das Grundstudium hinter sich haben, empfehle ich, gezielt nach Anregungen und Hilfen zu suchen. Das Sachregister und zahlreiche Verweise helfen, sich rasch zu orientieren. Allen kann ich vielleicht zeigen, daß sich auch ohne akademische Pos(s)e nützliches Wissen vermitteln läßt.

Mythos Wissenschaft

Was ist das eigentlich: Wissenschaft? Diese Frage verunsichert viele Studienanfängerinnen und Studienanfänger. Und sie bleibt für viele eine ständige Begleiterin während des Studiums: Was heißt, eine wissenschaftliche Hausarbeit schreiben? Was ist das Wissenschaftliche einer Diplomarbeit oder Dissertation?

Helmut Kohl formulierte einmal treffend: »Entscheidend ist, was hinten rauskommt.« Haben wir es mit Wissenschaft zu tun, wenn »hinten« Sätze wie der folgende »rauskommen«?

»Je nachdrücklicher die Gefahren im Modernisierungsprozeß anwachsen, je offensichtlicher dabei Zentralwerte der Allgemeinheit bedroht sind und je deutlicher dies ins Bewußtsein aller tritt, desto tiefgreifender wird das eingespielte arbeitsteilige Macht-und Kompetenzgefüge im Verhältnis zwischen Wirtschaft, Politik und Öffentlichkeit erschüttert, und desto wahrscheinlicher ist es, daß unter dem Segel der drohenden Gefahr Verantwortlichkeiten umdefiniert, Handlungskompetenz zentralisiert und alle Einzelheiten des Modernisierungsprozesses mit bürokratischen Kontrollen und Planungen überzogen werden.« (Beck, S.104)

In der Schule entscheidet die Lehrerin oder der Lehrer, was richtig und was falsch ist. Und an der Hochschule? Wer entscheidet am Ort der Wissenschaft, was Wissenschaft ist und was nicht? Die zuständige Instanz ist die Wissenschaftstheorie, die Theorie über die Wissenschaft.

Eine *handlungsanleitende* Antwort auf die Frage, was Wissenschaft ist, bekommen Sie von dieser Metatheorie allerdings nicht. Sie werden vielmehr – weil es verschiedene Richtungen in der Wissenschaftstheorie gibt – auf noch mehr Fragen stoßen. Ist es also ein Kriterium für Wissenschaft, daß es keine definitive Antwort auf die Frage gibt, was Wissenschaft ist?

Wenn Ihre Krankenkasse Ihnen mitteilt, daß Sie eine bestimmte Behandlung – zum Beispiel im Bereich der Naturheilverfahren –

selbst bezahlen müssen, erleben Sie unmittelbar, welche Konsequenzen mit der Frage nach der Wissenschaft verbunden sein können: Naturheilverfahren beruhen auf Erfahrungen. Sie erfüllen in der Regel nicht die wissenschaftlichen Standards der traditionellen Medizin und werden (auch) deshalb von den Krankenkassen nicht anerkannt.

Naturheilverfahren sind vielleicht nicht ausreichend wissenschaftlich begründet, aber sie helfen oft. Sie werden in anderen Zusammenhängen vergleichbare Erfahrungen gemacht haben: Sie lesen ein Essay über die deutsch-deutsche (Un-)Einheit und gewinnen mehr Aufschluß als durch die Lektüre von zehn wissenschaftlichen Büchern. – Was ist das eigentlich: Wissenschaft?

Umwege erhöhen die Ortskenntnis, lautet ein vietnamesisches Sprichwort. Ich mache einen Umweg, der zum Ziel führen kann. Der Umweg: Beobachtungen eines Norwegers über Wissenschaft in verschiedenen Kulturräumen. Johan Galtung unterscheidet zwischen einem angelsächsischen Wissenschaftsstil und einem deutschen (den er »teutonisch« nennt).

Der Wissenschaftsstil prägt die Kommunikation, die Art und Weise zu diskutieren, zu publizieren und das Verhältnis der Lehrenden zu den Studierenden. So wird, schreibt Galtung, der US-Professor in einem Seminar »sein Bestes tun, um selbst in der miserabelsten Darbietung ... jenes Körnchen Gold zu finden, das, wenn man es poliert, noch glaubwürdigen Glanz erzeugt«.

Diese Umgangsform ist dem »teutonischen« Stil fremd. Nicht das Körnchen Gold wird gesucht, sondern »schnurstracks« der schwächste Punkt in einem Vortrag oder Diskussionsbeitrag angesteuert. Dieser schwächste Punkt wird »ins hellste Rampenlicht gestellt ... und mit dem Seziermesser auseinandergenommen«. Da potentiell alle von dieser Gefahr bedroht sind, wird jede und jeder versuchen, »auf der Hut zu sein« und »auf Nummer Sicher zu gehen«: den »Autoritäten Gehorsam zu zollen« statt einen ungewohnten Gedanken oder eine ungesicherte These vorzutragen. (Galtung, S. 309)

Galtung übertreibt. Ich habe ihn nicht aus Freude an Übertreibungen zitiert, sondern weil seine Beobachtungen in eine Richtung weisen, in der meines Erachtens Antworten auf die Eingangsfrage zu finden sind.

Widersprechende Antworten

Einsichten und Erkenntnisse kommen häufig nur dann zustande, wenn auf Fragen widersprechende Antworten gegeben werden. Widersprechende Antworten eröffnen einen Frageraum und erhöhen damit die Chance, einen Sachverhalt besser zu verstehen. Ein Beispiel aus der Grundschule:

»Lehrer: Was ist ein Bonbon?
Kind: Ein Bonbon ist, wenns gut schmeckt.
Lehrer: Falsch. Ein Bonbon ist dem Wesen nach eine aus Zucker und Aromastoffen hergestellte Süßigkeit.
Kind: Nein, ein Bonbon ist, wenn mans geschenkt bekommt.« (Zit. n. Müller, S. 88)

Es ist sicher notwendig, eine Übereinkunft darüber herzustellen, wie Erfahrungen und Sachverhalte bezeichnet werden sollen. Aber die »Wesens«-Bestimmung des Lehrers ist nicht hinreichend. Ein Bonbon muß nicht süß sein, sondern »gut«, darauf verweist sowohl das französische Wort »Bonbon« als auch das süddeutsche Wort »Gutsle«. Und etwas, das gut ist, kann auch sauer oder salzig schmecken. (Müller, S. 89)

Auf die Frage, wer der Mächtige im Lande ist (oder war), kann eine widersprechende Antwort lauten: Macht ist keine Eigenschaft von Personen, sondern ein soziales Verhältnis. Auf die Frage, welche Probleme sich aus den ungesetzlichen Spendenpraktiken im US-amerikanischen Präsidentschafts-Wahlkampf ergeben, kann die widersprechende Antwort lauten: Die gesetzliche Regel und nicht die ungesetzlichen Ausnahmen sind ein Problem der US-Politik (oder: Nicht die Spenden sind das Problem, sondern die Tatsache, daß sich [fast] alle an die Abhängigkeit der Spitzenpolitiker von Großspenden gewöhnt haben).

Der Lehrer im Bonbon-Beispiel fordert »subsumtive« (unterordnende) Antworten[1]. *Wissenschaftliches* Denken und Handeln beginnt dann und dort, wenn und wo diese *Befehlslogik* durch widersprechende Antworten durchbrochen wird.

1 Diesen Ausdruck übernehme ich von Michael Jäger, der die Bedeutung widersprechender Antworten für die Entwicklung der Wissenschaft untersucht hat.

Sie wollen lernen, wissenschaftlich zu arbeiten. Eine Definition von Wissenschaft nach dem Muster »Ein Bonbon ist dem Wesen nach ...« hilft Ihnen dabei nicht weiter. Davon können Sie sich durch einen Blick in die einschlägigen Lexika und Handbücher überzeugen. Deshalb antworte ich – widersprechend – auf die Frage, was Wissenschaft ist: Wer wissenschaftliches Arbeiten lernen will, muß sich Klarheit verschaffen über das Lernziel und den Lernweg. Geht es um vorläufige Erklärungen der Wirklichkeit, um Versuche, Realität angemessen zu interpretieren? Oder sind gesicherte Wahrheiten und unumstößliche Erkenntnisse das Ziel? Hat der Alltag, haben eigene Erfahrungen einen legitimen Platz in der Wissenschaft? Oder ist Wissenschaft das »ganz andere«?

Diese Fragen zielen auf (Lern-)Haltungen statt auf Definitionen oder Begriffe. Warum? Ich entwickle meine Antwort mit Hilfe einer zweiten Szene aus der Schule:

»L(ehrer): Da sind zwei Ausdrücke genannt worden – Ballungszentrum und Ballungsraum, Johannes!
J: Im Ruhrgebiet ... also, leben möchte ich da nicht. Da muß ich mir dann eine Gasmaske anschaffen, sonst kann ich die Luft nicht mehr riechen.
L: Stop – wir sind bei Ballungsraum – bei Ballungsraum.
J: Da wird man auch so zusammengepfercht – und dann dauert es oft Stunden, daß man zum Kaufhof kommt – und immer gehen die Ampeln – und immer ist Verkehr – ...
L: Stop, stop, Johannes!
J: Wenn ich jetzt im ...
L: Stop, Johannes. Nicht so viel über das Ruhrgebiet erzählen – ich will nur wissen – den Ballungsraum. Georg!« (Zit. n. Fichtner, S. 8)

Johannes war auf dem (angelsächsischen) Weg zu einem erfahrungsgesättigten Begriff von Ballungsraum. Der Lehrer ist ein echter »Teutone«, dem Erfahrungen und Umwege ein Greuel sind, für den nur das als Wissen gilt, was der Lehrplan vorsieht. Definitionen sind ihm wichtiger als Erkenntnisse.

Wie komme ich zu einem Begriff von Ballungsraum? Wenn ich Mittel und Wege kenne, mich mit dem Problem Ballungsraum auseinanderzusetzen. Das Lernen solcher Fähigkeiten blockiert der Lehrer, der nur eine Antwort gelten läßt und keinen Blick dafür hat, *wie* man zu Antworten kommt. Goethe hat solche »Gelehrte« einmal so charakterisiert: »Es ist ihnen selten um den lebendigen Begriff der Sache zu tun, sondern um das, was man davon gesagt hat.« (Bd. 18, S. 844)

Neugierig statt »auf der Hut« sein

So wenig es *den* richtigen Weg zum Begriff »Ballungsraum« gibt, so wenig gibt es *die* richtige Wissenschaft, *die* richtige Methode oder *das* richtige Verfahren. So besteht – zum Beispiel – in der Politikwissenschaft keine Einigkeit über den Gegenstand und die Methoden des Faches, über die Aufgaben und den Anspruch von Politikwissenschaft. Trotzdem wird Politikwissenschaft gelehrt. Das ist kein Widerspruch, und die Politikwissenschaft ist kein Einzel- oder Sonderfall.

Die Entwicklung der Wissenschaft verläuft nicht als geradliniger und kontinuierlicher Prozeß, in dem »eins zum anderen kommt«. Forschungsergebnisse, die heute als gesichert gelten, werden morgen aufgrund neuer Erkenntnisse verworfen, Methoden werden durch neue abgelöst. Wissenschaftlicher Fortschritt vollzieht sich in Sprüngen, in kleineren oder größeren Revolutionen. Wissenschaftlicher Fortschritt wurde häufig nur durch unkonventionelles Vorgehen abseits traditioneller Methoden und Verfahren erzielt. Die Vorstellung von *einem* Modell wissenschaftlicher Forschung hält sich zwar noch in manchen Köpfen, faktisch bestimmt ein Methodenpluralismus (Paul Feyerabend spricht von einem »heiteren Anarchismus«) den Wissenschaftsalltag.

Wenn also Ergebnisse wissenschaftlicher Forschung stets vorläufig und Irrtümer wahrscheinlich sind, wenn Methodenpluralismus die Regel ist und unkonventionelle Wege häufig die erfolgversprechenden sind – dann spricht vieles für ein respektloses Verständnis von Wissenschaft. Damit meine ich die Haltung,
- neugierig zu sein, offen für neue Erfahrungen, andere Meinungen und Sichtweisen, statt immer »auf der Hut« zu sein;
- in neuen Erfahrungen und Erkenntnissen eine Bereicherung und Anregung zum Weiterfragen zu sehen statt Störfaktoren;

- ungewohnte Wege zu gehen und sich Irrtümer und (vorläufiges) Nichtwissen zu erlauben, statt »auf Nummer Sicher« zu setzen;
- sich auf Erkenntniszuwachs zu konzentrieren, statt geistige Energie in die Rechtfertigung und Verteidigung (vorläufiger) Auffassungen zu investieren.

Diese Haltung reduziert Angst vor »der« Wissenschaft und erhöht die Zuversicht, daß wissenschaftliches Arbeiten gelernt werden kann. Sie hilft, gelassener zu reagieren auf den an Hochschulen beliebten Bluff mit gewichtigen Fachausdrücken oder beeindruckenden Hinweisen auf den neuesten wissenschaftlichen Trend (Strukturalismus, Dekonstruktivismus usw.), der selbstverständlich immer eine »Post«-Variante hat (Poststrukuralismus usw.).

Die Trennung von wissenschaftlichem Arbeiten und Lehre, die heute den Hochschulalltag prägt, erschwert eine solche Haltung und macht sie zugleich besonders notwendig. Das ist nur scheinbar ein Widerspruch: Sie werden, weil die »Einheit von Forschung und Lehre« zwar häufig beschworen, aber nur selten verwirklicht wird, meist nur mit den Ergebnissen wissenschaftlicher Arbeit konfrontiert. Die (Irr-)Wege und Suchprozesse, die (schließlich) zu einem Ergebnis führen, bleiben unsichtbar. Veröffentlichungen werden geglättet, die Spuren der Mühen, der Zweifel, Unstimmigkeiten und Irrtümer werden verwischt.[2]

Das hat sein Gutes: Wer möchte schon alle Irrwege eines Autors oder einer Autorin nachvollziehen? Zum Problem werden solche stimmigen Endprodukte, wenn Sie den Eindruck gewinnen, Sie müßten auf Anhieb so stringent denken, Ihre Referate müßten auch so glatt geschrieben sein. Wenn Sie solche Anforderungen an sich selbst stellen, überfordern Sie sich. Oder Sie müssen auf eine Eingebung hoffen. Hoffen macht nicht handlungsfähig. Manche Studentinnen und Studenten versuchen es deshalb mit der Nachahmung. Sie bemühen sich angestrengt, den Stil der wissenschaftlichen Texte zu kopieren, die sie gerade lesen. Doch Nachahmung ist ein (früh)kindliches Verhalten, das an der Hochschule nicht weiterführt.

---

2 Insofern gleichen wissenschaftliche Veröffentlichungen (den meisten) Autobiographien, in denen im nachhinein das Leben so geordnet wird, daß alle Lebensphasen als ein stimmiges Ganzes erscheinen.

Weiter kommen Sie nach meiner Erfahrung mit Neugier und Offenheit, wenn Sie ungewohnte Weg gehen und sich das Recht auf Irrtümer einräumen. Viele Kinder mußten oft Spinat essen, weil jahrzehntelang geglaubt wurde, Spinat habe einen sehr hohen Eisengehalt. Ein wenig Respektlosigkeit hätte ihnen Leiden erspart. Da aber in der Ernährungswissenschaft das Prinzip »Autoritäten Gehorsam zollen« galt, geisterte die falsche Angabe über den Eisengehalt viele Jahre ungeprüft durch die Fachliteratur.

Wissenschaftliche Standards beachten

Ich fasse meine Überlegungen – altmodisch – mit Kant zusammen: »Habe Mut, dich deines *eigenen* Verstandes zu bedienen!« (S. 9 – Herv. im Text)

Sich des *eigenen* Verstandes zu bedienen, ist eine Haltung. Ich habe zusammengetragen, was dafür spricht, *Mut* zu haben, sich für diese Haltung zu entscheiden, sich einzulassen auf neue Erfahrungen, ungewohnte Wege, auf widersprechende Antworten und (vorläufiges) Nichtwissen, auf »heitere Anarchie«.

Sich des *eigenen* Verstandes zu bedienen, ist eine Seite des wissenschaftlichen Arbeitens. Was ist erforderlich, um sich des eigenen Verstandes zu *bedienen*? Die Frage ist ungenau formuliert. Sie »bedienen« sich im Alltag beständig Ihres Verstandes, nicht nur im Studium. Gibt es einen Unterschied beim »Bedienen«, und worin besteht er? Das ist – in den Worten der formalen Logik formuliert – die Frage nach dem »artbildenden Unterschied«[3] : Welchen Standards muß *wissenschaftliches* Arbeiten genügen? Es sind vor allem die folgenden vier Kriterien.

---

3 Für Definitionen, die das Wesen von Gegenständen oder Eigenschaften erfassen sollen, wurde in der formalen Logik folgende Regel formuliert: Begriff (einer Sache) = Gattungsbegriff (genus proximum) + artbildender Unterschied (differentia specifica). Ein Parallelogramm ist ein Viereck (Gattungsbegriff) mit zwei parallelen Gegenseiten (artbildender Unterschied).

Begründen

Wenn Sie sich wissenschaftlich mit einem Gegenstand – sei es die Quantentheorie, Fichtes Staatslehre oder Mobbing am Arbeitsplatz – auseinandersetzen, ist nichts selbstverständlich. Alles muß begründet werden (können): Fragestellungen, Quellenauswahl, Methoden und Verfahren. Glaube kann bekanntlich Berge versetzen – aber nicht begründet werden. Es mag sinnvoll sein, etwas zu tun, weil es immer schon getan wurde – eine Begründung ist das nicht. Die Entstehung und Bedeutung von Normen, Konventionen, Traditionen und Werten kann erklärt werden. Normen, Konventionen, Traditionen und Werte können sinnvoll sein. Sie lassen sich erläutern – aber nicht wissenschaftlich begründen.

Das Kriterium »begründen« ist im Grundstudium mit anderen Anforderungen verbunden als bei einer Abschlußarbeit. In den ersten Semestern ist es legitim, eine Behauptung aufzustellen, die Sie nicht beweisen können. Sie müssen versuchen, schlüssig und widerspruchsfrei zu begründen, was für diese Behauptung oder Meinung spricht. In einer Abschlußarbeit müssen Angaben mitgeliefert werden, die eine Prüfung Ihrer (Hypo-)These(n) ermöglichen. Sie müssen zum Beispiel
- Ihre (Hypo-)These(n) durch Versuche, Beobachtungen, mit Hilfe von Quellen, Dokumenten usw. beweisen,
- Ihre Versuchsanordnung, Dokumentenauswahl, Stichproben, Beobachtungsverfahren usw. begründen,
- erläutern, wie vorgegangen werden muß, um weitere Beweise (oder Gegenbeweise) zu finden.

Erklären

Ein Telefonbuch enthält viele Informationen. In einem Telefonbuch steckt viel Arbeit. Niemand würde ein Telefonbuch als wissenschaftliche Arbeit bezeichnen. Die Anhäufung von Fakten ergibt keine Wissenschaft. Der »Faktenhuber« oder »Fliegenbeinzähler« ist das (verpönte) Gegenteil eines Wissenschaftlers. Fakten und Wissen sind für die Wissenschaft notwendig, aber nicht hinreichend. Informationen müssen aufbereitet werden: systematisiert, interpretiert, bewertet, verallgemeinert. Sonst sieht man den Wald vor lauter Bäumen nicht. Wissenschaft zielt auf Erklärungen: Warum ist das so? Unter welchen Voraussetzungen kam (kann) es dazu (kommen)? Wie könnte es anders sein? Wo gilt (galt) das? Wann gilt (galt) das? Wie entstand diese oder jene Auffassung? Wie und warum konnte sie sich verbreiten? Wer teilte sie (nicht)?

Aus Kenntnissen können Erkenntnisse werden, wenn Zusammenhänge, Voraussetzungen, Entwicklungen und Folgen begriffen werden. Aus Wissen können sich Fähigkeiten entwickeln, wenn das Begreifen eines Problems bzw. einer Fragestellung geistige »Spuren« hinterläßt, die auf die Bearbeitung anderer Probleme bzw. Fragestellungen übertragen werden können. Wer zu solchen Transferleistungen nicht in der Lage ist, bleibt – so das harte, aber treffende Wort aus der Umgangssprache – »Fachidiot«.

Bezüge herstellen

Gleich, ob wissenschaftliche Arbeit im »stillen Kämmerlein«, im »Elfenbeinturm« oder in »Einsamkeit und Freiheit« stattfindet: Sie ist immer Zusammenarbeit. Wissenschaft bedarf in vielen Bereichen nicht der unmittelbaren Kooperation, aber immer des Bezugs auf bereits vorliegende Arbeit(en). Von einer Wissenschaftlerin, die sich nicht auf die Ergebnisse und Erkenntnisse ihrer Kolleginnen und Kollegen bezieht, ist keine ernstzunehmende Forschung zu erwarten. Ein Wissenschaftler, der die vorliegenden Veröffentlichungen ignoriert, riskiert, Methoden einzusetzen und Verfahren anzuwenden, die sich längst als fehlerhaft erwiesen haben.

Was heißt das für Sie? In den ersten Semestern arbeiten Sie sich in Ihr Fach ein. Sie beziehen sich, wenn Sie ein Thema bearbeiten, auf eine überschaubare Zahl von Autorinnen und Autoren, die zu diesem Thema publiziert haben. Niemand wird von Ihnen einen vollständigen Überblick über den Forschungsstand verlangen. Sie können sich auf die Schultern anderer stellen und auf vorliegende Überlegungen zurückgreifen. Sie sollen also weder das Rad neu erfinden noch die gesamte Literatur kennen, die zu einem Thema vorliegt.

In Ihrer Abschlußarbeit und vor allem in einer Dissertation sollten Sie die vorliegende Forschung umfassend berücksichtigen: Wenn Sie nicht wissen, was andere bereits gedacht haben, können Sie nicht entscheiden, ob Sie einen neuen Gedanken verfolgen, zu einer neuen Sichtweise oder – das wird von einer Dissertation verlangt – zu einer neuen Erkenntnis gelangt sind. Die Literatur umfassend berücksichtigen heißt nicht: sie lang und breit darzustellen, sondern sie zu kennen, um begründet neue Fragen stellen zu können oder nach abweichenden Antworten zu suchen (mehr dazu im Kapitel »Schreiben«).

Ich habe diesen Abschnitt nicht »viel lesen« genannt. Die Aufforderung, Bezüge herzustellen, folgt nicht dem Motto »die Masse macht's«. Auf was ist zu achten?

1. Wissenschaftliche Erkenntnisse haben eine Geschichte. Wissen ohne Kenntnis dieser Geschichte ist Halbwissen. Suchen Sie, wenn Sie ein Thema bearbeiten – sei es »Familienbildung« oder »audiovisuelle Medien« –, nach Antworten auf folgende Fragen: Wann wurde Familienbildung Gegenstand der Wissenschaft? Warum wurde Familienbildung ein Thema? Wie wurde Familienbildung thematisiert? Wie haben sich die Fragestellungen entwickelt? Wie wurde vorher gedacht?

2. Wissenschaft entwickelt sich in Kontroversen. Es ist ein Gebot der wissenschaftlichen Redlichkeit, unterschiedliche Auffassungen darzustellen und nicht nur nach Belegen zu suchen bzw. die Autorinnen und Autoren zu referieren, die die eigene Auffassung stützen.

3. Wissenschaft läßt sich nicht in Ressortgrenzen halten. Häufig beschäftigen sich mehrere Disziplinen aus unterschiedlichen Blickwinkeln mit einem Thema. Fruchtbare Ergebnisse werden meist dann erzielt, wenn interdisziplinär gedacht und gearbeitet wird. Prüfen Sie deshalb, welche Disziplinen beschäftigen sich – unter welchen Gesichtspunkten – mit dem Problem, das Sie bearbeiten sollen.

4. Wissenschaft ist international. Sie sollten es auch sein und sich nicht nur auf die Literatur beziehen, die auf deutsch vorliegt. Sie kommen damit zwar in vielen Fächern durchs Studium. Aber Sie tun sich keinen Gefallen. Zum einen schmälern Sie Ihre Berufsaussichten, wenn Sie Ihre Fremdsprachenkenntnisse an der Hoch-

schule nicht vertiefen. Zum anderen schränken Sie Ihren Handlungsspielraum für die Abschlußarbeit bzw. Dissertation ein: Sie verbauen sich die Möglichkeit, eine Arbeit über einen französischen Autor oder eine englische Autorin zu schreiben, wenn Sie deren Arbeiten und ihre Rezeption in Frankreich bzw. Großbritannien nicht im Original lesen können. Sie verspielen die Chance, über ein Thema zu schreiben, zu dem die wichtigsten Arbeiten in einer Fremdsprache vorliegen.

Beziehen Sie schließlich wissenschaftliches Denken stets auf die Realität. Sie ist der Härtetest für den Erkenntniswert von Wissenschaft. Bei diesem Test sollten Sie
- die Realität nicht auf den Alltag einschränken,
- zwischen nützen und erklären unterscheiden.

Literaturwissenschaft kann nicht sattmachen (allenfalls die Literaturwissenschaftlerinnen und Literaturwissenschaftler). Sie kann aber Aufschluß geben, zum Beispiel, über den Zusammenhang von literarischer Produktion und gesellschaftlichen Verhältnissen. Ob sie diesen Ausschnitt von Wirklichkeit erklären kann, daran mißt sich ihr Erkenntniswert.
    Ein Impfstoff gegen den HIV-Virus ist unmittelbar nützlich. Er kann nicht entwickelt werden, wenn nicht zuvor die Ursachen und Wirkungen der von dem Virus verursachten Immunschwäche entdeckt werden. Die Erforschung dieser Wirkungen macht keinen Aids-Kranken gesund. Sie ist jedoch unverzichtbar.

Standpunkt und Perspektive reflektieren

Wenn Sie eine Professorin oder einen wissenschaftlichen Mitarbeiter fragen, wie sie meine Erläuterungen zu den drei vorangegangenen Punkten beurteilen, werden sie antworten, daß sie das auch so sehen (selbstverständlich verbunden mit dem Hinweis, daß *sie* die Ausführungen an dieser oder jener Stelle anders akzentuieren würden). Die folgenden Hinweise würden dagegen keine ungeteilte Zustimmung finden.

Wissenschaft ist, darüber gibt es noch keine Meinungsverschiedenheiten, der Objektivität verpflichtet. Sofern damit gemeint ist, daß wissenschaftliches Arbeiten vorurteilsfrei sein muß, besteht allgemeine Übereinstimmung. Meinungsverschiedenheiten gibt es darüber, wie mit der Tatsache umzugehen ist, daß es Menschen sind, die wissenschaftlich arbeiten.

Wenn die Wirtschaftsforschungs-Institute in ihren Gutachten zur wirtschaftlichen Entwicklung in der Bundesrepublik zu verschiedenen Ergebnissen kommen, dann liegt das an ihren unterschiedlichen Standpunkten, aus denen sich unterschiedliche Perspektiven ergeben. Auf dem Berg sieht eine Landschaft anders aus als im Tal. Und vom Standpunkt der »Vollbeschäftigung« stellt sich die wirtschaftliche Entwicklung anders dar als vom Standpunkt der »Wettbewerbsfähigkeit«. Unterschiedliche Standpunkte führen dazu, daß unterschiedliche Zahlen und Faktoren in die Forschung einbezogen bzw. unterschiedlich gewichtet werden. Es gibt gute Gründe, entweder das Ziel der »Vollbeschäftigung« oder das der »internationalen Wettbewerbsfähigkeit« zur forschungsleitenden Prämisse zu machen. Die Entscheidung für eine dieser Prämissen ist jedoch nicht zwingend, sondern eine subjektive Entscheidung darüber, was als vorrangiges Ziel von Wirtschaftspolitik angesehen werden soll.

Selbst in der Naturwissenschaft, die häufig als Hort der Objektivität apostrophiert wird, kann nicht von der Person abgesehen werden, die Naturwissenschaft betreibt. So hat Karin Knorr-Cetina (1991) am Beispiel der Arbeit in einem biochemischen Labor gezeigt, daß die Forscher sich von Maßstäben der Alltagsrationalität leiten lassen.

Das Problem ist nun nicht, daß die eigene Person, Einstellungen, Motive, Meinungen usw. stets in die wissenschaftliche Auseinandersetzung mit einem Gegenstand einbezogen sind. Zum Problem wird diese Tatsache, weil sie in der Forschung und Lehre nicht systematisch behandelt wird, weil in vielen Disziplinen Subjektivität kein Gegenstand der Reflexion ist. So kommt im Jurastudium die Person, die Recht sprechen oder verteidigen muß, so gut wie überhaupt nicht vor. Studierende erfahren in der Regel sehr wenig darüber, welche Faktoren in Entscheidungsprozessen eine Rolle spielen. Obwohl Juristinnen und Juristen zuerst mit Kategorien der Alltagsmoral nach einer »gerechten« Entscheidung suchen und dann nach den dafür »passenden« juristischen Argumenten, bleibt die Vermittlung von Voraussetzungen zur wissenschaftlichen Überprüfung des eigenen (juristischen) Handelns die Ausnahme.

Welche Konsequenz ist aus der Tatsache zu ziehen, daß niemand »unpersönlich« an eine Frage bzw. ein Problem herangeht, daß wissenschaftliches Arbeiten sich in einem sozialen Zusammenhang vollzieht? Wissenschaftliches Arbeiten muß selbstreflexiv sein: Wissenschaftliches Arbeiten muß das (selbst-)kritische Nachdenken darüber einschließen, wie man warum zu einer Fragestellung oder Prämisse kommt.

Selbstreflexion ist aus meiner Sicht nicht nur notwendig für einen angemessenen Umgang mit einem Gegenstand. Sie kann auch das Studium interessanter und angenehmer machen: Wer meint, von sich selbst absehen zu müssen, um wissenschaftlich zu arbeiten, gerät entweder mit sich in Konflikt oder hat mit Langeweile zu kämpfen, weil kein Thema mit der eigenen Person zu tun hat. Wenn Sie das, was Sie bewegt, interessiert oder berührt, als legitimes Thema von Wissenschaft ansehen und *wissenschaftlich* reflektieren, ist das Studium, die Wissenschaft nichts Unpersönliches, nicht das »ganz andere«, und Sie können während des Studiums »bei sich« bleiben. Diese Denkhaltung ist zudem eine zentrale Voraussetzung, um auch außerhalb des eigenen Studienfachs wissenschaftlich an Probleme und Fragestellungen heranzugehen.

Das Subjekt, von dem bisher die Rede war, hat ein Geschlecht – ist Mann oder Frau. Diese Feststellung klingt trivial. Sie ist jedoch, jedenfalls an der Hochschule, nicht selbstverständlich.

Mit der modernen Wissenschaft setzte sich die Erkenntnis durch, daß die Erde keine Scheibe ist, sondern eine Kugel, die sich um die Sonne dreht und nicht im Mittelpunkt des Universums steht. Der Glaube an die göttliche Ordnung der Welt hatte keinen Platz mehr in der Wissenschaft. Nur eines blieb: der Glaube an den Mann als Maß aller Dinge. Und während Wissenschaft und Technik sich rasant entwickelten, wurden bis ins 20. Jahrhundert Theorien über die Minderwertigkeit der Frau vorgelegt.

Frauen wurden als Subjekt und Objekt der Forschung aus der Wissenschaft ausgeschlossen. In Deutschland erhielten sie erst 1900 (in

Baden) das uneingeschränkte Recht zur Immatrikulation (in Preußen mußten sie noch bis 1908 warten). Und es dauerte weitere 20 Jahre, bis Frauen sich habilitieren durften.

Durch Gesetze werden heute Frauen nicht mehr am wissenschaftlichen Arbeiten gehindert. Im WS 1996/97 immatrikulierten sich erstmals mehr Studienanfängerinnen als Studienanfänger. Doch was gut anfängt, ist nur sehr schwer zu einem »krönenden« Abschluß zu bringen: Eine Wissenschaftskarriere ist für Frauen extrem hartes Brot. In der Spitze der universitären Hierarchie halten Männer die Stellung. Der Anteil von Frauen an C4-Professuren (die Professuren mit der höchsten Besoldung und der besten Ausstattung) nähert sich im Schneckentempo der Fünfprozentmarke. Formale Gleichberechtigung ist noch lange keine Gleichstellung. »Kaum ein zivilisiertes Land leistet sich seit Jahrzehnten eine derartige Mißachtung weiblicher Fähigkeiten und Lebensentwürfe wie die deutsche Wissenschaft.« Das »biologische Vermännlichungssystem an den Hochschulen« (Daxner, S. 121 f.) hat Folgen für die Schwerpunkte, Ergebnisse, Methoden und den Stil von Forschung und Lehre.

»Wenn Frauen systematisch von der Planung und Durchführung wissenschaftlicher Projekte ausgeschlossen werden und ihre Arbeit abgewertet wird, dann ist der personenbezogene Status innerhalb der Wissenschaft ebensowenig wertfrei, objektiv und unvoreingenommen wie die Bewertung der Forschungsresultate, und dergleichen scheint auch gar nicht vorgesehen zu sein. Statt dessen steht dieser Diskurs der Wertfreiheit, Objektivität und sozialen Unvoreingenommenheit offensichtlich eher im Dienst gesellschaftlicher Kontrolle.« (Harding, S. 69)

Als Anfang der 70er Jahre die ersten Seminare nur für Studentinnen durchgeführt wurden, reagierten viele Hochschullehrer sehr aufgeregt: Sie sahen in Frauenseminaren und Frauenforschung das Ende der freien Wissenschaft und sprachen von Diskriminierung. Inzwischen haben sich die meisten damit abgefunden, daß es Frauenforschung gibt, die in ihren Anfängen vor allem die in der Wissenschaft vernachlässigte Bedeutung und Rolle der Frau in den Mittelpunkt rückte und heute das »männliche Wissenschaftsmodell« insgesamt in Frage stellt.

Die meisten Wissenschaftler setzen sich nicht mit den Ergebnissen und Konzepten der Frauenforschung auseinander. Sie stellen in ihrer Arbeit weder inhaltliche noch methodische Bezüge her. Sie begreifen

Frauenforschung nicht als Herausforderung, sondern als ein »Orchideen-Feld« der Wissenschaft, das sie bestenfalls mit freundlichem Desinteresse betrachten. Dieser Mangel an Selbstreflexion über den Zusammenhang von Geschlecht und Erkenntnis, von Erkenntnis und Interesse ist mit wissenschaftlichen Kriterien nicht zu rechtfertigen. Das gilt gleichermaßen für die Weigerung, sich auf Frauenforschung zu beziehen, deren widersprechende Antworten zu rezipieren und damit Theorie- und Methodenpluralismus zu akzeptieren. Mit dem Grundsatz der »Objektivität« ist eine solche Haltung nicht zu vereinbaren.

Was kann diese Feststellung für Sie (als Studentin) bedeuten?
- Sie sollten sich in besonderem Maße das Recht auf widersprechende Antworten nehmen.
- Sie sollten, wenn Sie neugierig statt (brav) »auf der Hut« sind und unkonventionelle Zugänge zu einem Thema wählen, die Abwertung dieser Herangehensweise als »weibliche« – mindere oder bloß von Gefühlen geleitete – Rationalität nicht akzeptieren.
- Sie sollten sich nicht einreden lassen, »Frauenthemen« seien Themen zweiter Klasse, die mit Wissenschaft nichts zu tun haben; Sie sollten vielmehr darauf bestehen, daß Selbstreflexion in der Wissenschaft auch und gerade Nachdenken über den Zusammenhang von Geschlecht und Erkenntnis(-Interesse) bedeutet.[4]

Wissenschaftliches Arbeiten, das unterstreichen die letzten Hinweise noch einmal, ist einerseits kein Gegensatz zur »heiteren Anarchie«, zu Neugier und einem unkonventionellen Umgang mit Themen bzw. Problemen. Andererseits führt Neugier ohne die »strengen« vier Kriterien (begründen, erklären, Bezüge herstellen, Standpunkt und Perspektive reflektieren) nicht zum Ziel, und ohne sie werden ungewohnte Wege leicht Irrwege.

4 Und Sie sollten sich wappnen mit einem nüchternen Blick auf den Wissenschaftsbetrieb. Dabei helfen: Der Erfahrungsbericht von Sylvia Curruca (Pseudonym): Als Frau im Bauch der Wissenschaft. Was an deutschen Universitäten gespielt wird. Freiburg 1993. Und die Arbeit von Elke M. Geenen: Blockierte Karrieren. Frauen in der Hochschule. Opladen 1994. Montana Katz und Veronica Vieland haben einen nützlichen »Wegweiser« durch den männerdominierten »Hochschuldschungel« geschrieben: Uni-Knigge für Frauen. Frankfurt/Main 1993.

Sie können auch ohne Berücksichtigung der genannten Standards für wissenschaftliches Arbeiten zu brillanten Ideen und neuen Problemlösungen gelangen. Doch dieses Glück ist nur sehr wenigen Menschen vorbehalten. Wenn Sie ein Genie sind, müssen Sie sich nicht mit einem Studium belasten. Wenn Sie wissenschaftliches Arbeiten lernen wollen, sind die vier Kriterien ein unverzichtbarer Kompaß.

Um mit diesen Standards umgehen zu können, sollten Sie – umgangssprachlich formuliert – wissen, was sich gehört und was Sie tun: Wenn Sie zum Beispiel Bezüge herstellen, müssen Sie bestimmte Konventionen kennen und beherrschen. Sie müssen korrekt zitieren, belegen oder paraphrasieren. Wenn Sie eine Arbeit schreiben, müssen Sie wissen, was Sie tun (sollen). Geht es darum, einen Gegenstand zu analysieren, zu interpretieren, zu systematisieren, zu kontrastieren, zu bewerten oder zu beschreiben?

Wie und mit welchen Mitteln Sie diese unterschiedlichen Anforderungen bewältigen können, darum geht es in den nächsten Kapiteln. Dieses Kapitel schließe ich mit der Empfehlung, stets hartnäckig nachzufragen, was konkret verlangt wird, wenn – wie so häufig – eine Professorin oder ein Professor Aufgaben unpräzise formuliert: »Lesen Sie mal...«, »schreiben Sie was über...«, »schauen Sie mal, wie ... das sieht«.

Lesen

Lesen muß gelernt werden. Ein Vielleser gestand im hohen Alter: Ich bin jetzt achtzig Jahre, und ich bin immer noch nicht damit am Ende. Goethe war es. In der Einleitung habe ich ihn bereits zitiert.

Beim Lesen ist Vorsicht geboten. Don Quijote brachte die Lektüre vieler (Ritter-)Bücher um den Verstand, weil er sie ernst genommen hatte.

Sie verbringen viel Zeit mit Lesen – zwischen einem Drittel und der Hälfte Ihres Studiums. Sie können lesen und verlieren selbstverständlich dabei nicht den Verstand. Gelegentlich zweifeln Sie jedoch, ob Aufwand und Ertrag stimmen, ob die Menge der gelesenen Texte und die investierte Zeit in einem vernünftigen Verhältnis zu dem stehen, was »hängenbleibt«.

Bevor ich die Inhalte dieses Kapitels skizziere, spende ich einige Zeilen Trost: Ich erläutere kurz, worin die Schwierigkeit beim Umgang mit wissenschaftlichen Texten besteht. Trösten soll dieser kleine Ausflug in die Psychologie alle, die meinen, ihre Schwierigkeiten, Texte zu verstehen, seien ein individuelles Problem. Wer dieses Trostes nicht bedarf, kann die nächsten 21 Zeilen überspringen.

Wer liest, um sich Wissen anzueignen, muß die neuen Informationen zum bereits vorhandenen System von Kenntnissen in Beziehung setzen. Neue Informationen müssen – in den Worten der Lernpsychologie formuliert – in die existierende kognitive Struktur integriert werden. Die Verarbeitung neuer Informationen setzt eine organisierende Perspektive voraus. So fällt es der Hannibal-Expertin nicht schwer, neue Erkenntnisse über dessen Alpenüberquerung in ihren Wissensvorrat zu integrieren.

Sollen jedoch nicht nur Daten und Fakten gelernt, sondern neue Einsichten erworben werden, »muß dieses Neue bis zu einem gewissen Grade selbst die Perspektive und den Maßstab seiner kognitiven Entwicklung abgeben«. (Keitel, Otte, Seeger, S. 83) Wer etwas Neues lernen will, muß Informationen aufnehmen und gleichzeitig den Rahmen entwickeln, in dem das Neue verortet werden kann: Das Neue eines Textes – die Theorie oder die grundlegenden Begriffe – ist einerseits Voraussetzung, um einen Text zu verstehen, und anderseits Ziel des Lesens. Auf der einen Seite eignen wir uns den Inhalt eines Textes an, indem wir den Text nach und nach lesen. Auf der anderen Seite steuert das sich entwickelnde Verständnis vom Inhalt des Textes den Leseprozeß. Hier gibt es kein Entkommen. Was hilft, sind Verfahren, die zwischen beiden Ebenen vermitteln.

Darum geht es in diesem Kapitel: um Methoden und Verfahren, Texte so zu erschließen, daß mit der Aneignung von Neuem zugleich der Rahmen für das Lernen von Neuem erweitert wird – oder einfacher: darum, wie der Ertrag des Lesens gesteigert werden kann.

Die Methoden, die ich vorstelle, beziehen sich nicht auf ein bestimmtes Fach. Nahezu jede Disziplin hat spezielle Verfahren der Analyse von Texten entwickelt: Methoden der Quellenanalyse in der Geschichte, der Bibelexegese in der Theologie, der Interpretation literarischer Werke in der Literaturwissenschaft, der Überprüfung empirischer Forschungsergebnisse in den Natur- und Sozialwissenschaften usw. Je eher und umfassender Sie sich mit diesen fachspezifischen Methoden und Verfahren vertraut machen, um so größer ist die Chance, mit Gewinn zu lesen.

Der Philosoph Mose ben Maimon warnte schon vor rund 800 Jahren: »Bedenkt, daß törichte Menschen Tausende von Büchern geschrieben haben, und daß viele Leute ... ihre Zeit damit vertan haben, diese Bücher zu studieren.« Und bereits der Prediger Salomo wußte: »Des vielen Büchermachens ist kein Ende.« Wenn Sie gezielt lesen, sparen Sie Zeit und Energie. Was Sie für eine gezielte Lektüre tun können, erläutere ich im nächsten Abschnitt, in dem Sie auf einige Ratschläge von Johann G. Kiesewetter stoßen. Der Stil, in dem diese Ratschläge formuliert sind, wird Ihnen altmodisch vorkommen – zu Recht: Sie stammen aus dem Jahre 1811.

Richtig starten: Fragen, Fragen, Fragen

»Würdest du mir bitte sagen, wie ich von hier aus am besten weitergehen soll?« fragt *Alice im Wunderland* die Katze. »Das hängt sehr davon ab«, lautet die Antwort, »wo du hinwillst.« (Carroll, S. 74)

Lesen Sie einen Roman oder ein Gedicht, ist der Weg das Ziel – jedenfalls dann, wenn Sie nicht Literaturwissenschaft studieren. Die Lektüre wissenschaftlicher Texte ist Mittel zum Zweck. Bevor Sie sich auf den Weg durch viele Seiten machen, sollten Sie Klarheit über Ihr Ziel haben und darüber, warum Sie sich auf den Weg machen, und was Sie am Ziel erwartet. Wenn Sie sich nicht an Nebensächlichem festbeißen, in Einzelheiten verlieren und unsystematisches Lesen vermeiden wollen, klären Sie zunächst:
- Was Sie von einem Text wissen wollen.
- Was Sie von einem Text erwarten können.

Was will ich wissen? W-Fragen

Sie wollen ein Buch lesen, um sich einen ersten Überblick über ein Thema, ein Problem oder einen Autor zu verschaffen. Sie wollen ein Buch über »Globalisierung« lesen oder über »Rentenpolitik«, den »Zweiten Weltkrieg«, Georg Büchner, die »Straßenverkehrsordnung«, »Bildung« oder »Vulkanologie«. Legen Sie nicht einfach los. Klären Sie zunächst, was Sie wissen wollen. Nur »wer suchet, der findet«. Fragen machen Sie zur bzw. zum aktiv Suchenden. Mit Fragen geben Sie Ihrer Lektüre ein greifbares Ziel. Fragen orientieren. Ein nützliches Frageinstrument sind die »W-Fragen«:

Frage	zielt auf	Beispiele
Was	Gegenstands-bestimmung	Was versteht die Autorin unter Bildung? Was heißt Globalisierung?
Warum, wozu	Ursache, Grund, Zweck, Ziel	Warum gibt es keine Medizin gegen Aids? Warum und wozu wird neben »Erziehung« noch der Begriff »Bildung« benötigt?

Frage	zielt auf	Beispiele
Wie	Art und Weise	Wie hat sich das Rentensystem in den letzten zwei Jahrzehnten entwickelt? Wie wird in den Medien über Aids berichtet?
Wer	Person, soziale Gruppen	Wer gilt als Begründer der Aids-Forschung? Wer hat die geringsten Bildungschancen? Welche literarischen Vorbilder hatte Büchner?
Wo	Ort, Geltungsbereich	Wo trat Aids zum ersten Mal auf? Für welche Lernvorgänge trifft die Adoleszenz-Maximum-Hypothese zu?
Wann	Zeit	Wann brach der Vesuv zum ersten Mal aus? Wann wurden Büchners Werke in den Lehrplan aufgenommen?

Mit Hilfe der W-Fragen können Sie zudem Titel und (Kapitel-)Überschriften eines Buches oder Zeitschriftenaufsatzes in Fragen umwandeln. So läßt sich zu meiner Überschrift »Fragen, Fragen, Fragen« fragen:
- Was hat Fragen mit Lesen zu tun?
- Warum sollen Fragen gestellt werden?
- Wer soll Fragen stellen (und wer beantwortet sie)?
- Wann sollen Fragen gestellt werden?
- Wie hängen Fragen und das Verständnis eines Textes zusammen?

Ein anderes Beispiel: ein Aufsatz in einer Fachzeitschrift für Medizin mit dem Titel »Patienten brauchen Zuwendung«.
- Warum brauchen Patienten Zuwendung?
- Welche Zuwendung brauchen sie?
- Von wem brauchen sie Zuwendung?
- Wann brauchen sie (besonders) Zuwendung?
- Wo und von wem wird ihnen diese Zuwendung vorenthalten?
- Warum brauchen Patientinnen keine Zuwendung?

In vielen Disziplinen ist eine weitere Frage-Ebene sinnvoll und nützlich: Fragen, die auf die Art und Weise gerichtet sind, in der ein Sachverhalt zum Thema (der Wissenschaft) wird:

- Warum wurde dieser Sachverhalt zum Thema (der Wissenschaft, öffentlicher Diskussion)?
- Wer hat ihn zum Thema gemacht, und wer beteiligt sich an der Diskussion?
- Wann wurde dieser Sachverhalt zum Thema? (Warum zu diesem Zeitpunkt?)
- Wie wird über das Thema diskutiert?
- Woher kommt die Diskussion?

Ob Sie einen Aufsatz über den »schlanken Staat« oder den »Standort Deutschland« lesen, ein Plädoyer für Elite-Förderung oder eine Kritik der katholischen Amtskirche: Sie können fragen, wer zählt zur Elite, was ist ein »schlanker Staat«, wie funktioniert er usw. Und Sie können fragen:
- Warum wurde Elite-Förderung zum Thema?
- Was hält dieses Thema am Leben?
- Woher kommt die Elite-Diskussion?
- Wie konnte sie sich verbreiten?
- Wer beteiligt sich an ihr?
- Wer macht sie sich zu eigen?
- Was wird in der Diskussion ausgeblendet?

Fragen orientieren das Lesen. Mit Fragen können Sie gezielt nach Antworten suchen (und Lücken in Texten entdecken). Fragen haben einen weiteren Vorteil: Mit ihrer Hilfe können Sie den Antworten, die Sie in Texten finden, eine – vorläufige – Struktur geben:

Gegenstandsbestimmung (Was)	Die Straßenverkehrsordnung (StVO) regelt ...
Geltungsbereich (Wo)	Sie gilt auf allen ... und ... Lediglich ... sind ausgenommen.
Grund (Warum)	Sie wurde [Wann] eingeführt, um ...
»Begründer« (Wer)	Die StVO gilt als Werk von ...
Entwicklung (Wie)	und wurde seit der ersten Fassung in ... Richtungen verändert. Vor allem der Grundsatz ...

Richtig starten: Fragen, Fragen, Fragen

Was kann ich erwarten? Relevanz prüfen

Wir können nicht mit allen Menschen, die wir treffen, unsere Zeit verbringen. Doch solange wir mit jemandem sprechen, sollten wir ihr oder ihm aufmerksam zuhören. Dieser Grundsatz läßt sich auf den Umgang mit wissenschaftlicher Literatur übertragen und mit Kiesewetter präzisieren: »Man lese nicht zuviel auf einmal, damit man sich nicht mit einem halben Verstehen begnüge oder das Gelesene sich nicht zu eigen mache.« (S. 206)

Deshalb ist die Prüfung nützlich, was von einem Text erwartet werden kann, ob er das richtige Mittel zum Zweck ist. Eine Relevanzprüfung kann überflüssige Lektüre und Enttäuschungen ersparen und Zeit schaffen für wichtige Texte. Bei Zeitschriftenbeiträgen ist das einfach: Die Zusammenfassung (Abstract, Summary), die dem Text häufig voran- oder nachgestellt ist, gibt einen Überblick über Fragestellung und Ergebnisse. Anhaltspunkte für die Relevanz eines Buches liefern folgende Textelemente:

Titel

Was verspricht der *Sachtitel*? Wie wird er durch den *Untertitel* präzisiert bzw. eingegrenzt? Wie lautet bei einer Übersetzung der *Originaltitel*? ›Studieren mit Lust und Methode‹ ist der Sachtitel eines Buches, das Helga Knigge-Illner und Otto Kruse herausgegeben haben. Das klingt nach einer interessanten Hilfestellung für Studierende. Erst der Untertitel ›Neue Gruppenkonzepte für Beratung und Lehre‹ macht deutlich, um was es geht und an wen sich das Buch richtet.

Wer ist der *Autor*, die *Autorin*? Hat er mehr zum Thema veröffentlicht? Gilt sie als Autorität auf einem bestimmten Gebiet? Ein »Ja« ist zwar noch kein Gütekriterium, aber eine erste Orientierung.

Erscheint das Buch in einer *Reihe*? Wer gibt sie heraus? Wer publiziert in dieser Reihe? Erscheinen in der Reihe vor allem Hochschulschriften, Dissertationen und Habilitationen, ist ein umfassender Überblick über ein (bei Dissertationen häufig schmales) Gebiet zu erwarten? Diese Leistungsnachweise der gehobenen Art sind exklusiv für die Fachwelt geschrieben – und in der Regel schwere Kost.

Hat der *Verlag* einen guten Ruf? Gilt er als ausgewiesener Fachverlag für Wirtschaft, Recht oder Soziologie? Publizieren in dem Verlag vor allem konservative Autoren, ist er weltanschaulich gebunden?

Impressum

Hier ist auf das *Erscheinungsjahr* und die *Auflage* zu achten. Das Erscheinungsjahr gibt Aufschluß, über welche Themen Sie (keine) Informationen erwarten können. Beispielsweise werden Sie nur in Veröffentlichungen aus der jüngsten Zeit Informationen über Globalisierung, Kryokonservierung oder BSE finden. Bei Übersetzungen ist der Zeitpunkt der *Erstveröffentlichung* das entscheidende Datum, da die deutschsprachige Ausgabe oft erst einige Jahre später herauskommt.

Bücher werden ergänzt und überarbeitet. Deshalb sollten Sie immer die neueste Auflage eines Buches lesen. Achten Sie nicht auf die Auflage, riskieren Sie, Ihre Zeit für die Rezeption einer überholten Diskussion zu opfern bzw. zu übersehen, daß ein Autor seine Auffassung verändert hat oder eine Autorin ihre Thesen mit neuen Argumenten stützt. Ist das Werk eines Wissenschaftlers, die Entwicklung einer Autorin Ihr Thema, müssen Sie alle Ausgaben heranziehen, die grundlegend überarbeitet wurden.

Klappentext

In seriösen Klappentexten finden Sie Informationen über den Inhalt, den Autor bzw. die Autorin und Hinweise darauf, für wen das Buch in erster Linie geschrieben wurde.

Inhaltsverzeichnis

Das Inhaltsverzeichnis gibt Aufschluß über den Aufbau und welche Schwerpunkte gesetzt werden.

Vorwort

Neben oft peinlichen Danksagungen an die Ehefrau, die dem Autor alle Hausarbeiten abgenommen hat, an die Kinder, die viele Monate stumm durch die Wohnung gelaufen sind, und an die Institutssekretärin, die geduldig vier Fassungen getippt hat, können Sie im Vorwort Hinweise finden, welche Intentionen ein Autor verfolgt, für welche Zielgruppe eine Autorin vorrangig geschrieben hat.

Register

Das Personen- und Sachregister ist vor allem für Fortgeschrittene eine nützliche Entscheidungshilfe. Anhand des Registers können Sie prüfen, ob zentrale bzw. aktuelle Begriffe, wichtige Autorinnen und Autoren oder Personen der (Zeit-)Geschichte behandelt bzw. berücksichtigt werden.

Literaturverzeichnis

Die Menge der angeführten Titel ist kein Gütemaßstab, sondern die Aktualität der (Sekundär-)Literatur, auf die sich ein Autor stützt oder eine Autorin bezieht, und deren Breite: Werden unterschiedliche Ansätze berücksichtigt und die Grenzen des Fachs überschritten? Um von einem Literaturverzeichnis auf die Relevanz einer Veröffentlichung schließen zu können, müssen Sie sich allerdings bereits in Ihr Fach eingearbeitet haben.

Erscheint Ihnen nach diesen Prüfschritten ein Buch relevant und interessant, sollten Sie die Einleitung und einige Seiten lesen, um sich zu vergewissern, ob der Anspruch des Buches Ihrem Vorwissen angemessen ist. Sie sollten sich weder überfordern noch unterfordern – und den Rat von Kiesewetter beherzigen: »Man lasse sich durch den schlechten Styl nicht abhalten, ein sonst wichtiges Buch zu lesen.« (S. 207)

Worauf es ankommt: Lesen muß Methode haben

Texte müssen – einerseits – »gelesen werden als die Schriften von Verdächtigen« (Brecht, S. 560). Andererseits »mache man sich an die Lesung eines Buches ohne vorgefaßte Meinung« (Kiesewetter, S. 205).

Beide Empfehlungen sind wichtig. Texte sollten kritisch gelesen und nicht für »bare Münze« genommen werden. Eine kritische Lektüre setzt jedoch einen kühlen Kopf voraus. Und der kühle Kopf nimmt zunächst unvoreingenommen zur Kenntnis, was ein Autor sagt, was eine Autorin will. Als Leistungsanforderung formuliert: Sie müssen in der Lage sein, einen Text *korrekt wiederzugeben*. Das gelingt Ihnen nur dann, wenn Sie beim Lesen der Empfehlung von Kiesewetter folgen.

Daran schließt sich die *immanente Beurteilung* an: Welches Ziel verfolgt der Autor? Hat er dieses Ziel erreicht? Was will die Autorin beweisen? Ist ihr dieser Beweis gelungen? Erst dann – und nur dann – ist eine fundierte *weitergehende Kritik* möglich: Ist beispielsweise das gesteckte Ziel sinnvoll, die Fragestellung relevant? Weil ein kühler Kopf gebraucht wird, um »Verdächtigen« auf die Spur zu kommen, steht – zeitlich – Kiesewetter vor Brecht.

Ein kühler Kopf übt Zurückhaltung beim Lesen – im Umgang mit Textmarkern. Während des Lesens viele Stellen zu markieren, mag das Gewissen beruhigen und das Gefühl vermitteln, einen Text bearbeitet zu haben. Doch häufig ist das Ergebnis nicht mehr als ein bunter Text. Farbe im Text ergibt noch kein Verständnis des Inhalts. Ist ein Thema neu, erscheint fast alles wichtig oder interessant. Wird das Neue angestrichen oder unterstrichen, zeigen die An- oder Unterstreichungen, was Ihnen neu oder wichtig und interessant erscheint. Die inhaltliche und logische Struktur des Textes heben solche Markierungen allerdings nicht hervor. Diese Strukturen zu erfassen, ist jedoch Ziel jedes produktiven Lesens.

Wenn Sie auf Unterstreichungen nicht verzichten wollen, sollten Sie zunächst den gesamten Text lesen und erst im zweiten Durchgang unterstreichen. Unterstreichen Sie bereits beim ersten Lesen, treffen

Sie Entscheidungen über die Bedeutung von Aussagen, ohne den Zusammenhang zu kennen, in dem diese Aussagen stehen. Sie treffen also Entscheidungen ohne fundierte Grundlage. Ich rate zudem davon ab, Texte nur zu unterstreichen. Ich empfehle, Unterstreichen mit dem inhaltlichen Gliedern eines Textes zu verbinden.

Den Inhalt erfassen: Inhaltlich gliedern

Ein chinesisches Sprichwort lautet: »Ich höre etwas und vergesse es, ich sehe etwas und erinnere mich, ich tue etwas und verstehe es.« Um Texte so zu verstehen, daß Neues – Begriffe, Theorien – zum Werkzeug wird, mit dem wieder Neues angeeignet und (besser) verstanden wird, kommt es darauf an,
- wissenschaftliche Texte auf ihren Kern zu verdichten und
- logische Zusammenhänge (oder Brüche) herauszuarbeiten.

Nur Genies können diese Operationen ausschließlich im Kopf vollziehen. Doch wer ist schon ein Genie?

Ein bewährtes Verfahren, die Aufmerksamkeit auf die Kernaussagen eines Textes zu lenken, ist das inhaltliche Gliedern: die Hervorhebung der inhaltlichen Struktur eines Textes mit Hilfe von Leitwörtern. Diese Leitwörter sollen den Inhalt einer Textpassage – in der Regel: eines Absatzes – zusammenfassen. Die leitende Frage lautet: Worum geht es in diesem Absatz? Was ist Thema dieses Absatzes? Sie notieren am Textrand ein Stichwort aus dem Text oder finden selbst einen Begriff, der den Inhalt zusammenfaßt. Meine Erläuterungen über Wissenschaft im ersten Kapitel könnten zum Beispiel wie folgt inhaltlich gegliedert werden:

Die Entwicklung der Wissenschaft verläuft nicht als geradliniger und kontinuierlicher Prozeß, in dem »eins zum anderen kommt«. Forschungsergebnisse, die heute als gesichert gelten, werden morgen aufgrund neuer Erkenntnisse verworfen, Methoden werden durch neue abgelöst. Wissenschaftlicher Fortschritt <u>vollzieht sich in Sprüngen</u>, in kleineren oder größeren Revolutionen. Wissenschaftlicher <u>Fort-</u>	Wissenschaftsentwicklung

schritt wurde häufig nur durch unkonventionelles Vorgehen abseits traditioneller Methoden und Verfahren erzielt. Die Vorstellung von einem Modell wissenschaftlicher Forschung hält sich zwar noch in manchen Köpfen, faktisch bestimmt ein Methodenpluralismus (Paul Feyerabend spricht von einem »heiteren Anarchismus«) den Wissenschaftsalltag. — Methodenpluralismus

Wenn also Ergebnisse wissenschaftlicher Forschung stets vorläufig und Irrtümer wahrscheinlich sind, wenn Methodenpluralismus die Regel ist und unkonventionelle Wege häufig die erfolgversprechenden sind – dann spricht vieles für ein respektloses Verständnis von Wissenschaft. Damit meine ich die Haltung, — Wissenschaftsverständnis / Haltung zur Wissenschaft

- neugierig zu sein, offen für neue Erfahrungen, andere Meinungen und Sichtweisen, statt immer »auf der Hut« zu sein;
- in neuen Erfahrungen und Erkenntnissen eine Bereicherung und Anregung zum Weiterfragen zu sehen statt Störfaktoren;
- ungewohnte Wege zu gehen und sich Irrtümer und (vorläufiges) Nichtwissen zu erlauben, statt »auf Nummer Sicher« zu setzen;
- sich auf Erkenntniszuwachs zu konzentrieren, statt geistige Energie in die Rechtfertigung und Verteidigung (vorläufiger) Auffassungen zu investieren.

Diese Haltung reduziert Angst vor »der« Wissenschaft und erhöht die Zuversicht, daß wissenschaftliches Arbeiten gelernt werden kann. Sie hilft, gelassener zu reagieren auf den an Hochschulen beliebten Bluff mit gewichtigen Fachausdrücken oder beeindruckenden Hinweisen auf den neuesten wissenschaftlichen Trend (Strukturalismus, Dekonstruktivismus usw.), der selbstverständlich immer eine »Post«-Variante hat (Poststrukuralismus usw.). — Respektlose Haltung und Angst / Erfolgszuversicht

Dieses Verfahren lenkt Ihre Aufmerksamkeit auf das Wesentliche. Haben Sie einen Text inhaltlich gegliedert, verfügen Sie über ein externes Gedächtnis: Wenn Sie sich einige Zeit später nochmals mit dem Text beschäftigen müssen, ermöglicht die inhaltliche Gliederung eine rasche Orientierung.

Das Beispiel zeigt, wie die inhaltliche Gliederung sinnvoll mit Unterstreichungen kombiniert werden kann: Die Leitworte geben Auskunft über die Frage, worum geht es, wie lautet das Thema des Absatzes? Die Unterstreichungen heben hervor, welche Aussagen zu dem Thema gemacht werden: Die *Entwicklung der Wissenschaft* (Thema) *vollzieht sich in Sprüngen* (Aussage).

Den Aufbau erfassen: Logisch gliedern

Um einen Text erfassen, beurteilen und für das weitere Studium als geistiges Werkzeug einsetzen zu können, ist es hilfreich, den Blick auf die Argumentation zu lenken, den logischen Aufbau eines Textes zu prüfen. Schließen Sie deshalb an die inhaltliche Gliederung (worum geht es?) eine logische Gliederung an. Fragen Sie: Welche Funktion hat dieser Textabschnitt in der Argumentation des Autors, was »macht« die Autorin an dieser Stelle?
- Stellt er eine These oder eine Behauptung auf?
- Begründet sie eine These oder Behauptung?
- Zieht er eine Schlußfolgerung?
- Verallgemeinert sie Ergebnisse?

Einen Text logisch gliedern heißt also, die argumentative Funktion einer Textpassage zu kennzeichnen. Sie notieren am Textrand Begriffe, die Auskunft geben, ob es sich bei einem bestimmten Absatz um eine These, Behauptung oder Begründung handelt oder um ein Beispiel, eine Verallgemeinerung oder Schlußfolgerung (eine Liste solcher Begriffe finden Sie auf Seite 74). Ein Beispiel[1]:

Wir wollen nun klären, ob es Einflüsse gibt, die das Behalten fördern und nicht auf eigenen Anstrengungen beruhen.	Fragestellung
Wir beginnen unsere Antwort mit der Schilderung eines Versuchs. Morin stellte vier Versuchsgruppen eine Aufgabe. Der ersten Gruppe wurde nur die Aufgabe erläutert, die zweite erhielt außerdem Hinweise	Beispiel

1 In Anlehnung an Rückriem, Stary, Franck, S. 43.

auf mögliche Fehler. Die Anworten der Teilnehmerinnen und Teilnehmer der dritten Gruppe wurden ohne Erläuterungen korrigiert. Der vierten Gruppe wurden die Korrekturen erklärt.

Die Auswertung ergab folgendes Resultat: Je genauer und vollständiger die Rückmeldung war, die eine Gruppe erhielt, desto besser schnitt sie ab – am schlechtesten also die erste, am besten die vierte Gruppe. — Ergebnis

Das Ergebnis dieses Versuchs läßt sich verallgemeinern: Wir behalten Gelerntes besser, wenn wir erfahren, daß richtig ist, was wir gespeichert haben. Kurz: Ein Feedback erhöht den Behaltenserfolg. — Verallgemeinerung

In überfüllten Vorlesungen und Seminaren ist eine solche Rückkoppelung oft nicht möglich. Deshalb sollten Sie versuchen, Arbeitsgruppen zu bilden. — Schlußfolgerung

Der Text hat folgende Argumentationsstruktur: Fragestellung → Beispiel → Ergebnis → Verallgemeinerung → Schlußfolgerung. Ein Blick auf diese Struktur sollte skeptisch stimmen: Genügt es, eine Frage mit nur einem Beispiel zu beantworten? Ist ein Beispiel ausreichend, um es zu verallgemeinern und daraus eine Schlußfolgerung abzuleiten? Dem zitierten Text sind keine Antworten auf diese Fragen zu entnehmen. Die Verallgemeinerung »Wir behalten Gelerntes besser, wenn wir erfahren, daß richtig ist, was wir gespeichert haben« steht also unter dem Vorbehalt, daß die Basis für diese Verallgemeinerung sehr schmal ist.

Ich habe empfohlen, die inhaltliche Gliederung um die logische zu ergänzen. Bei dem bereits inhaltlich gegliederten Text (vgl. Seite 38) heißt das zunächst: Fünf Wörter mehr schreiben. Entscheidend ist jedoch die Arbeit, die zu diesen fünf Wörtern führt: die Prüfung, wie wird in dem Text argumentiert?

Die Entwicklung der Wissenschaft verläuft nicht als geradliniger und kontinuierlicher Prozeß, in dem »eins zum anderen kommt«. Forschungsergebnisse, die heute als gesichert gelten, werden morgen aufgrund neuer Erkenntnisse verworfen, Methoden werden durch neue abgelöst. Wissenschaftlicher Fortschritt vollzieht sich in Sprüngen, in kleineren oder — Wissenschaftsentwicklung
These

Worauf es ankommt: Lesen muß Methode haben

größeren Revolutionen. Wissenschaftlicher <u>Fortschritt</u> wurde häufig nur <u>durch unkonventionelles Vorgehen</u> abseits traditioneller Methoden und Verfahren erzielt. Die Vorstellung von einem Modell wissenschaftlicher Forschung hält sich zwar noch in manchen Köpfen, faktisch <u>bestimmt</u> ein Methodenpluralismus (Paul Feyerabend spricht von einem »heiteren Anarchismus«) <u>den Wissenschaftsalltag</u>.

Methodenpluralismus
These

Wenn also Ergebnisse wissenschaftlicher Forschung stets vorläufig und Irrtümer wahrscheinlich sind, wenn Methodenpluralismus die Regel ist und unkonventionelle Wege häufig die erfolgversprechenden sind – dann spricht vieles für ein <u>respektloses Verständnis von Wissenschaft</u>. Damit meine ich die Haltung,

Wissenschaftsverständnis
Schlußfolgerung

- <u>neugierig</u> zu <u>sein</u>, offen für neue Erfahrungen, andere Meinungen und Sichtweisen, statt immer »auf der Hut« zu sein;

Respektlose Haltung zur Wissenschaft
Erläuterung

- in <u>neuen Erfahrungen und Erkenntnissen</u> eine <u>Bereicherung und Anregung</u> zum Weiterfragen zu sehen statt Störfaktoren;
- <u>ungewohnte Wege zu gehen</u> und sich <u>Irrtümer und (vorläufiges) Nichtwissen zu erlauben</u>, statt »auf Nummer Sicher« zu setzen;
- sich <u>auf Erkenntniszuwachs zu konzentrieren</u>, statt geistige Energie in die Rechtfertigung und Verteidigung (vorläufiger) Auffassungen zu investieren.

Diese Haltung <u>reduziert Angst</u> vor »der« Wissenschaft und <u>erhöht die Zuversicht, daß wissenschaftliches Arbeiten gelernt</u> werden kann. Sie hilft, <u>gelassener zu reagieren</u> auf den an Hochschulen beliebten Bluff mit gewichtigen Fachausdrücken oder beeindruckenden Hinweisen auf den neuesten wissenschaftlichen Trend (Strukturalismus, Dekonstruktivismus usw.), der selbstverständlich immer eine »Post«-Variante hat (Poststrukuralismus usw.).

Respektlose Haltung und Angst/Erfolgszuversicht
Vorteil

Aus zwei Thesen wird eine Schlußfolgerung abgeleitet, die näher erläutert und um den Hinweis ergänzt wird, welche Vorteile sich aus einer respektlosen Haltung zur Wissenschaft ergeben. Die Argumentation ist schlüssig. Ob sie zutreffend ist, hängt davon ab, ob die Thesen zu belegen sind.[2]

Logisches Gliedern lenkt die Aufmerksamkeit auf Argumentationsstrukturen und hilft so, Texte besser zu verstehen. Ein großer Vorzug der Kombination von inhaltlicher und logischer Gliederung wird deutlich, wenn Sie einen Text referieren sollen. Die inhaltliche und die logische Gliederung liefern Ihnen ein solides Gerüst für eine schriftliche Zusammenfassung:

Der Autor formuliert zwei *Thesen*: (1.) Die Entwicklung der Wissenschaft »vollzieht sich in Sprüngen«; Fortschritte in der Wissenschaft wurden »häufig nur durch unkonventionelles Vorgehen abseits traditioneller Methoden und Verfahren erzielt«. (2.) In der Wissenschaft ist Methodenpluralismus die Regel. Aus diesen Thesen *leitet* er die Empfehlung für ein »respektloses Verständnis von Wissenschaft« *ab*. Damit *meint* er eine Haltung, die gekennzeichnet ist durch Neugier, Offenheit und die Bereitschaft, »ungewohnte Wege zu gehen und sich Irrtümer und (vorläufiges) Nichtwissen zu gestatten«. Mit dieser Haltung sind, so Franck, *Vorteile* verbunden: Sie reduziert Angst vor der Wissenschaft und erhöht die Zuversicht, daß »wissenschaftliches Arbeiten gelernt werden kann.«

Wenn es darauf ankommt: Exzerpieren

Die inhaltliche und logische Gliederung wird am Textrand eines Buches oder Zeitschriftenaufsatzes notiert. Das setzt dem Verfahren Grenzen: Sie können nicht alle Bücher bzw. Zeitschriften kaufen oder kopieren, die Sie für Ihr Studium benötigen. Exzerpieren ist eine Alternative. Exzerpieren ist keine Notlösung, sondern eine

---

2 Auf dieses Argumentationsmuster werden Sie häufig stoßen. Es ist (1.) zulässig, denn die Entwicklung der Wissenschaft ist nicht das Thema. Daher muß nicht ausführlich darauf eingegangen werden. Es genügt, vorliegende Erkenntnisse zusammenzufassen. Das Argumentationsmuster ist (2.) legitim, weil – und das ist entscheidend – die Thesen überprüft werden können.

nützliche Methode, Texte zu erschließen. Sie ist vor allem dann nützlich, wenn Sie einen Text besonders sorgfältig erarbeiten wollen, weil er für Ihr Studium oder eine Hausarbeit wichtig ist, zum Beispiel *das* Standardwerk des Positivismus, *der* Klassiker der Lernpsychologie.

Exzerpieren macht mehr Arbeit als inhaltliches und logisches Gliedern. Das Mehr an Arbeit lohnt sich, weil Exzerpieren die Chance erhöht, sich einen Text wirklich zu eigen zu machen. Ob und wann Sie Mehrarbeit investieren, müssen Sie entscheiden. Kiesewetter empfahl: »Man excerpiere die vorzüglichsten Stellen, welche man nicht gern vergessen möchte.« (S. 206)

Exzerpieren heißt, Auszüge machen. Wie Sie mit Gewinn exzerpieren, hängt vom Ziel des Lesens ab: Suchen Sie nach Antworten auf bestimmte Fragen, oder wollen Sie sich grundlegend über ein Thema informieren?

1. Spezifische Fragestellung

Haben Sie eine oder mehrere konkrete Fragen an einen Text, notieren Sie die Antworten, die Sie im Text finden. Ein Beispiel: Sie lesen unter der Fragestellung: Was schlägt die Autorin vor, um das Problem des Analphabetismus zu lösen? Exzerpieren heißt dann: die Vorschläge (und deren Begründungen) schriftlich festzuhalten.

Dabei sollten Sie auf den Zusammenhang achten, in dem die gesuchten Aussagen stehen. Sonst kann es Ihnen passieren, daß Sie die Intention einer Autorin nur unzureichend berücksichtigen oder die Voraussetzungen, die ein Autor macht. Sie finden in der wissenschaftlichen Literatur gelegentlich den Vorwurf, ein Autor habe ein Zitat aus dem Zusammenhang gerissen oder eine Autorin habe einschränkende bzw. ergänzende Zusätze übersehen. Damit Ihnen solche Vorwürfe erspart bleiben, sollten Sie mindestens das Kapitel sorgfältig lesen, dem Sie Antworten auf Ihre Fragen entnehmen.

2. Allgemeine Fragestellung

Texte können auch unter einer globalen Fragestellung exzerpiert werden: Was wird in dem Text zum Thema Analphabetismus ausgesagt?

Das Exzerpieren unter einer allgemeinen Fragestellung setzt auf der Ebene des Absatzes an und wird von zwei Fragen geleitet:
- Wie lautet das Thema des Absatzes?
- Was wird über das Thema ausgesagt?

Notieren Sie Absatz für Absatz zunächst die Antwort auf die Frage nach dem *Thema* des Absatzes (wovon handelt er, worüber informiert er?). *Notieren* Sie dann – möglichst in eigenen Worten –, welche *Aussage(n)* zu diesem Thema gemacht werden und die Seitenzahlen, auf die sich Ihre Aufzeichnungen beziehen.

Ein Beispiel-Exzerpt der Seiten 25 bis 27 dieses Buches:

Seite	Norbert Franck: Fit fürs Studium. Erfolgreich reden, lesen, schreiben. München 1998	Anmerkungen
25	• Wissenschaftsentwicklung und Geschlechterverhältnis Mit dem wissenschaftlichen Fortschritt korrespondierte kein vorurteilsfreier Blick auf die Geschlechter. Bis ins 20. Jahrhundert wurden Theorien über die Minderwertigkeit von Frauen formuliert.	
26	• Frauen und Wissenschaft – historisch Frauen wurden bis zur Jahrhundertwende aus der Wissenschaft ausgeschlossen. • Frauen und Wissenschaft – heute Heute hindert kein Gesetz Frauen am wissenschaftlichen Arbeiten. Will eine Frau in der Wissenschaft Karriere machen, werden ihr viele Steine in den Weg gelegt. Männer halten die wichtigsten Stellen besetzt. »Kaum ein zivilisiertes Land leistet sich ... eine derartige Mißachtung weiblicher Fähigkeiten und Lebensentwürfe wie die deutsche Wissenschaft.« • Folgen des »Vermännlichungssystems« (Daxner) an den Hochschulen Werden Frauen »systematisch« aus der Wissenschaft ausgeschlossen und wird ihre Arbeit	Michael Daxner: Ist die Uni noch zu retten? Reinbek 1996, S. 121.

Seite	Norbert Franck: Fit fürs Studium. Erfolgreich reden, lesen, schreiben. München 1998	Anmerkungen
	»abgewertet«, sind weder der »personenbezogene Status« noch die Bewertung der Forschungsresultate »wertfrei, objektiv und unvoreingenommen«. • Frauenforschung Die Frauenforschung rückte Anfang der 70er Jahre die – in der Wissenschaft vernachlässigte – Bedeutung und Rolle von Frauen in den Mittelpunkt. Heute stellt sie das »männliche Wissenschaftsmodell« insgesamt in Frage.	Sandra Harding: Feministische Wissenschaftstheorie. Hamburg. ²1991, S. 69.
27	• Rezeption der Frauenforschung Die meisten Wissenschaftler ignorieren die Frauenforschung. »Der Mangel an Selbstreflexion über den Zusammenhang von Geschlecht und Erkenntnis« ist wissenschaftlich nicht zu rechtfertigen.	

Fassen Sie am Ende eines Abschnittes oder Kapitels Ihr Exzerpt zusammen. Machen Sie schließlich eine Gesamtzusammenfassung Ihrer Teilzusammenfassungen. Meine Zusammenfassung des Exzerpts:

Frauen wurden bis ins 20. Jahrhundert aus der Wissenschaft ausgeschlossen. Heute hindert sie kein Gesetz am wissenschaftlichen Arbeiten. Doch faktisch existiert an den Hochschulen ein »biologisches Vermännlichungssystem«.

Die Frauenforschung begann in den 70er Jahren mit der Akzentuierung der – von der Wissenschaft vernachlässigten – Bedeutung von Frauen. Heute stellt sie das »männliche Wissenschaftsmodell« insgesamt in Frage. Die meisten Wissenschaftler ignorieren diese Forschung. Die mangelnde Selbstreflexion über den Zusammenhang von Geschlecht und Erkenntnis ist wissenschaftlich ist nicht zu rechtfertigen.

Ich habe, um das Verfahren zu demonstrieren, Absatz für Absatz exzerpiert. Es wäre viel zu zeitaufwendig, auf diese Weise ein Buch von 200 Seiten zusammenzufassen. Ich empfehle Ihnen für den Anfang, zwei oder drei Aufsätze so kleinteilig zu exzerpieren, um sich mit dem Verfahren vertraut zu machen. Wenn Sie Routine entwickelt haben, sollten Sie längere Textpassagen zusammenfassen. Wichtig für das Textverständnis ist, daß Sie stets zwischen Thema und Aussage unterscheiden.

Werden in dem Text, den Sie exzerpieren, andere Autorinnen und Autoren referiert, riskieren Sie, Fehlinterpretationen zu übernehmen. Notieren Sie deshalb immer die Quellenangaben, damit Sie, wenn es sich um wichtige Passagen handelt, prüfen können, ob korrekt referiert bzw. zitiert wurde. Texte, die für eine Arbeit wichtig sind, sollten Sie stets im Original lesen und nicht aus zweiter Hand zitieren.

Du sollst Dir Bilder machen: Visualisieren

Eine weitere sinnvolle Methode, Texte zu erarbeiten, ist deren Übersetzung in »Bilder«. Das Visualisieren von Texten zwingt zur intensiven Auseinandersetzung und lenkt den Blick auf Beziehungen und Zusammenhänge. Ich stelle drei Methoden vor.

Mind Mapping

Mind Map kann mit Gedanken-Landkarte übersetzt werden. Mind Mapping ist eine Technik, die für viele Zwecke nützlich ist (ich komme daher auf den Seiten 60 und 144 noch einmal darauf zurück). Wie entsteht eine Gedanken-Landkarte von einem Text? Sie legen ein DIN-A4- oder A3-Blatt quer. In die Mitte schreiben Sie das Thema. Dem Thema werden die zentralen Aspekte zugeordnet. Teilaspekte werden an diese angefügt. Bei dieser »Übersetzung« sollten Sie mit möglichst wenigen Worten auskommen und sich auf Schlüsselwörter konzentrieren. Die Verdichtung eines Textes auf wenige Wörter zwingt, die Aufmerksamkeit auf das Wesentliche zu richten. Die Verwendung von Pfeilen, Symbolen und Bildern ist ein Hilfsmittel, Texte in Ihren individuellen Zeichenvorrat zu übertragen.

Tony Buzan, »Vater« des Mind Mapping, nennt folgende Vorteile dieser Technik für die Erarbeitung von Texten:

- »Die Zentral- oder Hauptidee wird deutlicher herausgestellt.«
- »Die relative Bedeutung jeder Idee tritt sinnfälliger in Erscheinung. Wichtigere Ideen befinden sich in der Nähe des Zentrums, weniger wichtige in Randzonen.«
- »Die Verknüpfungen zwischen den Schlüsselbegriffen werden ... leicht erkennbar.«
- Neue Informationen können »leicht und ohne die Übersichtlichkeit störende Streichungen und eingezwängte Nachträge« hinzugefügt werden.
- Jedes Bild »ist von jedem anderen nach Form und Inhalt deutlich unterschieden. Das ist für die Erinnerung hilfreich.« (S. 103)

Ein Mind Map über die ersten beiden Abschnitte dieses Kapitels:

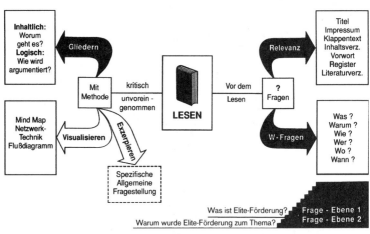

Abbildung 1: Mind Map

Netzwerk-Technik

Bearbeiten Sie Texte, in denen es in erster Linie um unstrittige Tatbestände geht, hilft die Netzwerk-Technik, Beziehungen und Zusammenhänge hervorzuheben und somit besser zu verstehen und zu behalten. Diese Technik beruht auf folgender Überlegung: Nicht-diskursive Texte bestehen aus zwei Elementen: aus Sachverhalten und Relationen zwischen diesen Sachverhalten. Typische Relationen sind:

Teil-Ganzes:	Die Augen sind ein Teil des Kopfes.
Eigenschaft:	Die Augen sind blau.
Analogie:	Eine Kamera funktioniert wie ein Auge.
Fo¹ge/Ursache:	Die Fähigkeit, Farbnuancen zu unterscheiden, ist Ergebnis von Übung.
Element/Typ von: (gehört zur Klasse/ Gattung)	Der Augenarzt ist ein Facharzt.

Diese Aufzählung ist nicht vollständig. In der Regel genügen aber diese fünf Relationen, um in Texten des genannten Typs Zusammenhänge zu visualisieren. Ein Beispiel – zunächst der Text, dann seine Visualierung:

»Experimentelle wissenschaftliche Untersuchungsberichte sind relativ stark konventionalisiert, was nicht zuletzt dadurch begünstigt wird, daß die Sachlogik des Untersuchungsablaufs auch der Darstellung wenig Spielraum läßt. Unabhängig davon, mit welchen Überschriften die Abschnitte eines solchen Textes im einzelnen versehen sind, haben solche Berichte im wesentlichen die gleiche Grundstruktur: In der Einleitung wird ein Problem, dessen theoretischer Hintergrund und ggf. dessen praktische Relevanz dargestellt. Das Problem kann z. B. darin bestehen, daß zwischen verschiedenen konkurrierenden Theorien zu einem bestimmen Phänomenbereich nicht entschieden werden kann oder daß Beobachtungen vorliegen, die mit einer bisher favorisierten Theorie im Widerspruch stehen. Die Darstellung des theoretischen Hintergrunds besteht in einem Überblick über bisher vorliegende Lösungsansätze ... Das zunächst allgemein umrissene Problem wird dann ... weiter spezifiziert, so daß sich daraus die Durchführung einer Untersuchung ableiten läßt. Es werden Hypothesen formuliert und für die spezifischen Untersuchungsbedingungen entsprechende Vorhersagen abgeleitet ... Einleitung und Fragestellung repräsentieren zusammen eine allgemeine Kategorie ›Darstellung des Problems‹. Der weitere Text ... kann dann der Kategorie ›Problemlösung‹ zugerechnet werden. Darin wird zunächst die Untersuchung selbst dargestellt, wozu Informationen über die Versuchsanordnung, die teilnehmenden Versuchspersonen, den Versuchsablauf, die Auswertungsmethode und die gefundenen empirischen Ergebnisse gehören. Die Ergebnisse werden dann ... zu den Hypothesen in Beziehung gesetzt bzw. interpretiert und zu einer Schlußfolgerung bezüglich des eingangs formulierten Problems zusammengefaßt.« (Ballstaedt u. a., S. 159 f.)

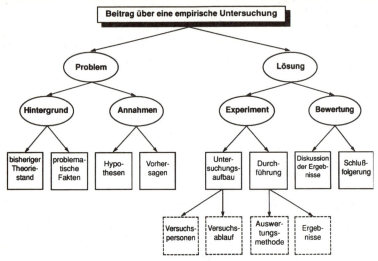

Abbildung 2: Visualisierung des Textes »Beitrag über eine empirische Untersuchung« (nach Ballstaedt u.a., S. 160 – modifiziert)

Sind die Relationen so eindeutig wie in diesem Beispiel, genügt ein Pfeil, um sie zu kennzeichnen. Sind Beziehungen komplexer, sollten Sie notieren, um welchen Typ von Relationen es sich handelt. Nachts sind bekanntlich alle Katzen grau. Und alle Pfeile sehen gleich aus, wenn nicht deutlich gemacht wird, ob es sich zum Beispiel um eine Teil-Ganzes-, eine Ursache-Wirkungs- oder eine andere Relation handelt.

Flußdiagramm

Texte, in denen es in erster Linie um Handlungs- und Entscheidungsabläufe, um (Versuchs-)Anleitungen, Regeln, Vorschriften, Fehlersuchprogramme usw. geht, können mit einem Flußdiagramm visualisiert werden. Fünf Formen werden gewöhnlich für ein Flow-Chart verwandt:

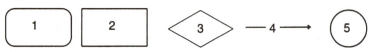

Abbildung 3: Elemente eines Flußdiagramms

1. Anfang und Ende eines Flußdiagramms.
2. Mit Rechtecken werden Tätigkeiten gekennzeichnet.
3. Eine Raute steht für Entscheidungen.
4. Pfeile zeigen die Richtung des Handlungsablaufs.
5. Mit einem Kreis wird ein Anschlußpunkt markiert. Er wird benötigt, wenn ein Handlungsverlauf aus Platzgründen nicht mehr oder nicht mehr übersichtlich dargestellt werden kann. In den Kreis wird ein Buchstabe oder eine Ziffer gesetzt, der/die bei der Fortsetzung an anderer Stelle wieder aufgenommen wird.

Die Hinweise zur Relevanz-Prüfung (S. 34 ff.) lassen sich wie folgt in ein Flußdiagramm übertragen:

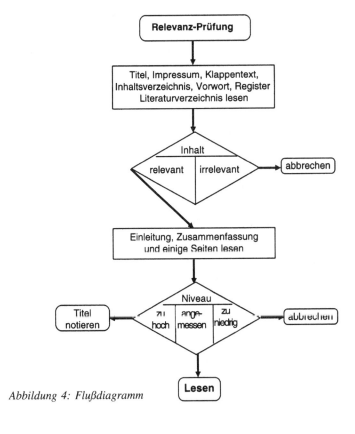

Abbildung 4: Flußdiagramm

Das letzte Wort in diesem Abschnitt hat Kiesewetter: »Man beharre nicht dabei ein Buch zu Ende zu lesen, sobald man inne wird, daß das darin Gesagte von keinem erheblichen Nutzen sein könne.« (S. 207)

Last but not least: Bilanz ziehen

Nach dem Lesen wie vor dem Lesen steht das Fragen: Was haben Sie gelernt? Bilanzieren Sie den Ertrag Ihrer Bemühungen.
- Welche Fragen wurden – wie – beantwortet?
- Was ist unklar geblieben? (Wie können Sie sich Klarheit verschaffen?)
- Welche (neuen) Zusammenhänge wurden deutlich?
- Welche neue(n) Perspektive(n) wurde(n) sichtbar?
- Was läßt sich verallgemeinern und auf andere Themen- und Problembereiche übertragen? (In welchem Zusammenhang können Sie auf den Text zurückgreifen?)

Antworten, die Sie in einem Text gefunden haben, sind nicht Ihre Antworten. Nach der Lektüre eines Textes wissen Sie, was – zum Beispiel – Ulrich Beck unter »Risikogesellschaft« versteht. Bilanzieren Sie deshalb nicht in der »Ist«-Form, sondern distanziert: »Beck versteht unter Risikogesellschaft ...«. Wenn Sie Becks Auffassung teilen, bleibt »Risikogesellschaft« seine Idee. Sie verstehen dann – mit (oder nach) Beck – unter Risikogesellschaft ...

Wenn Sie wissen, was Beck unter »Risikogesellschaft« versteht, haben Sie eine Antwort auf eine Frage der ersten Ebene (vgl. S. 32). Um die Bedeutung des Konzepts »Risikogesellschaft« zu verstehen, sollten Sie sich darüber hinaus vergewissern, welche gesellschaftlichen Entwicklungen mit diesem Konzept erklärt werden sollen bzw. welche Entwicklungen bisherige Erklärungsmuster – nach Auffassung des Autors – nicht angemessen erklären. Als Bilanzsatz formuliert: Mit dem Begriff »Risikogesellschaft« will Beck Entwicklungen erfassen, die ...

Fragen auf dieser Ebene ziehen weitere Fragen nach sich. Becks

Buch ›Risikogesellschaft‹ erschien 1986. Wie wurde es rezipiert? Welche Kritik wurde formuliert? Ist der Begriff heute noch relevant? Auch wenn Sie diesen Fragen nicht nachgehen, sollten Sie Teil Ihrer Bilanz sein, zu der auch die Rechenschaft gehört, was für einen umfassenden Überblick über einen Themenbereich getan werden müßte.

Schreiben Sie eine Arbeit oder bereiten Sie ein Referat vor, sollten Sie nach jedem Text bilanzieren, welche Konsequenzen sich für die weitere Arbeit ergeben: Muß zum Beispiel die Fragestellung präzisiert oder die vorläufige Gliederung verändert werden? (Mehr dazu im nächsten Kapitel.)

Schreiben

Schwierigkeiten mit dem Schreiben sind eine zentrale Ursache für lange Studienzeiten vor allem in den Sozial- und Geisteswissenschaften: Während des Studiums werden zwar Hausarbeiten oder Klausuren geschrieben, aber Sicherheit und Routine im Schreiben entwickeln nur wenige Studierende. Viele erleben jede neue Hausarbeit so, als müßten sie ganz von vorne anfangen. Freude am Schreiben ist an den Hochschulen so selten wie Wasser in der Wüste. Vermeidungsstrategien sind alltäglich: Muß ein Text geschrieben werden, ist »plötzlich« viel zu besorgen oder endlich der Besuch bei den lange vernachlässigten Eltern fällig. Marcel Bénabou bietet in seinem Buch ›Warum ich keines meiner Bücher geschrieben habe‹ anspruchsvollere Begründungen an, nicht zu schreiben:

- »Man kann das Lob der mündlichen Tradition (gegenüber der Schriftkultur) singen;
- man kann die Sprache schmähen, über die Worte herziehen, das Lamento des jegliche-wahrhafte-Kommunikation-ist-unmöglich anstimmen;
- man kann sich in der Unsagbarkeit einrichten und das Schweigen als höchstes Gut preisen;
- man kann das Leben feiern und das Ringen mit der Realität als dem Schreiben überlegen ausgeben;
- man kann einmal mehr die Topoi des Lieber-Verzicht-als-Engagement oder der Sinnlosigkeit-des-Handelns-in-einer-Welt-mit-der-es-sowieso-zuende-geht aufwärmen.« (S. 11)

Für viele Studierende stehen vor dem Schreiben viele Fragen. Fast alle müssen individuell nach Antworten suchen; denn gezielte Hilfestellungen und Anleitungen werden nur selten angeboten. Wann genügt ein Text dem Kriterium »wissenschaftlich«? Wenn er kompliziert ist? Darf in Texten »ich« vorkommen? Oder ist in der Wissenschaft die erste Person verpönt? Wie wird ein Text sinnvoll gegliedert? Wie kann ein vorgegebenes Thema so gefaßt werden, daß es in einem überschaubaren Zeitraum zu bearbeiten ist? Und was wird von der Studienanfängerin verlangt, der ein Soziologie-Professor ohne weitere Erläuterungen die Aufgabe stellt, eine Hausarbeit über »die Sozialbindung des Eigentums« zu schreiben?

Professoren klagen über die »Schreib-Schwächen« von Studierenden. Zum Beispiel ein Professor der Literaturwissenschaft aus Bonn – in schlechtem Deutsch: »Ich würde meinen, der Prozentsatz dieser Leute, die das nicht richtig beherrschen, liegt bei ungefähr 30 Prozent.« (Zit. n. Erlinghagen) »Das« ist die Rechtschreibung und Zeichensetzung. »Würde meinen« ist – salopp formuliert – Sprachmurks: Meint er oder meint er nicht? Mit »diese Leute« bezeichnet der gelehrte Mann – und bedient sich unpräziser Umgangssprache – Studentinnen und Studenten.

Wer Schwierigkeiten hat, braucht für Klagen und Spott nicht zu sorgen. Die bissigste Formulierung stammt aus der Feder von Karl Kraus: »Es genügt nicht, keine Gedanken zu haben, man muß auch unfähig sein, sie auszudrücken.« Kraus hatte allerdings nicht Studentinnen und Studenten vor Augen, sondern den »gelehrten« Stand.

Ich habe den Meister der Ironie zitiert, weil in diesem Satz kurz und knapp zum Ausdruck kommt, daß Schreib-Schwierigkeiten sich nicht auf Formulierungs-Probleme reduzieren lassen (wie in zahlreichen Büchern über »Kreatives Schreiben« suggeriert wird). Es gibt keinen gordischen Knoten, der nur durchzuschlagen wäre, damit das Formulieren flott »von der Hand« geht. Ein wissenschaftlicher Text setzt Sachkenntnis voraus: Die Literatur zu einem Thema muß gelesen, eine klare Fragestellung formuliert werden usw. Das ist harte Arbeit, die zum Erfolg führen kann, wenn sie systematisch durchgeführt wird. Darum geht es im ersten Abschnitt.

Wer Gedichte schreibt, sollte wissen, was ein Versmaß ist. Mit unterschiedlichen Textformen sind unterschiedliche Anforderungen verbunden. Die Strukturbesonderheiten von Hausarbeiten und Thesenpapieren stehen im Mittelpunkt des zweiten Abschnitts.

Schreiben im eigentlichen Sinne, das »Ringen« um das Wort oder den Satz, ist Thema des letzten Abschnitts dieses Kapitels. Viele Studierende machen sich das Leben schwer, weil sie sich an falschen Vorbildern orientieren oder an Schreib-Gewohnheiten aus der

Schulzeit festhalten. Ich zeige, wie Sie sich das Schreiben (und Leben) leichter machen und lesbare Texte aufs Papier bringen können.

Von der Themenwahl bis zur Endfassung

Viele schriftliche Arbeiten haben »weder Hand noch Fuß.« Der Grund: Studierende vertiefen sich, ist ein Thema gestellt bzw. gewählt, sofort in die Literatur – nach der Devise: »Mal sehen, was ich daraus machen kann.« Bei solch einem Vorgehen fehlen Kriterien, was warum wirklich wichtig ist und was nicht. Deshalb wird die Arbeit zu einem zeitaufwendigen Prozeß von Versuch und Irrtum.

Hausarbeiten in der Hochschule lassen sich nicht wie der Aufsatz in der Schule aus dem Ärmel schütteln. Sie lassen sich nicht im Kopf konzipieren und gestützt auf ein paar Gliederungspunkte am Stück »runterschreiben.« Viele Schwierigkeiten mit einer Seminararbeit entstehen zum Beispiel deshalb, weil die Fragestellung zu schwammig ist. »Dann lesen«, berichtet Andrea Frank, die Initiatorin des Bielefelder Schreiblabors, »Studenten immer mehr, machen sich endlos Stichworte und verzetteln sich im Wortsinne.« Nehmen Sie sich deshalb Zeit für die Planung und eine präzise Analyse des Themas. Sie vermeiden unstrukturiertes Arbeiten mit vielen Umwegen. Die Planungs-Schritte für eine wissenschaftliche Arbeit sind der Abbildung 5 zu entnehmen.

Diese Schrittfolge bezieht sich auf umfangreiche wissenschaftliche Arbeiten. Für Ihre ersten zwei oder drei Hausarbeiten kann sie auf drei Schritte verdichtet werden: Sie müssen
- sich über ein Thema sachkundig machen,
- das erarbeitete Wissen strukturieren und
- in eine angemessene schriftliche Form bringen.

Damit Sie auch für umfangreichere Arbeiten gerüstet sind, erläutere ich, was bei jedem der fünf Arbeitsschritte zu beachten ist, um erfolgreich ans Ziel zu kommen. Manchen (Teil-)Schritt können Sie anfangs überspringen.

> **Thema analysieren**
> Thema erschließen
> Literatur sichten
> Thema eingrenzen
> ⇩
> **Literatur beschaffen**
> ⇩
> **Literatur auswerten**
> ⇩
> **Thema erarbeiten**
> Ziel- und Fragestellung
> Exposé: Arbeitstitel, Gliederung, vorläufige Einleitung
> Rohfassung
> ⇩
> **Thema darstellen**
> Vorläufige Fassung
> Endfassung

Abbildung 5: Die fünf Arbeitsschritte von der Themenwahl bis zur Niederschrift und die wichtigsten Teilschritte bzw. (Zwischen-)Ergebnisse

Drei Anmerkungen vorab:

1. Die einzelnen Arbeitsschritte sind keine getrennten Einheiten, sondern miteinander verknüpft. Zum Beispiel müssen Sie gelegentlich einen Schritt zurückgehen, um nach vorne zu gelangen. Nach meiner Erfahrung kommen Sie am besten mit der Maxime zurecht: so viel Planung wie möglich, so viel Flexibilität wie nötig.

2. Können Sie über Ihr Thema selbst entscheiden, wählen Sie ein Thema,
   - das Sie interessiert, denn Interesse setzt Energien frei;
   - dessen Bearbeitung für das weitere Studium nützlich ist – wobei die Methoden und Erfahrungen, die Sie bei der Beschäftigung mit dem Thema anwenden bzw. machen, wichtiger sein können als das Thema selbst;

- dessen Bearbeitung Ihnen ermöglicht, Bezüge herzustellen zu Themen, mit denen Sie sich bereits beschäftigt haben bzw. gerade auseinandersetzen;
- das angemessen ist (mehr dazu auf S. 61).

3. Wenn Sie im Seminar ein Thema für eine Hausarbeit bekommen, sollten Sie nicht ohne genaue Vorstellungen über das, was von Ihnen verlangt wird, nach Hause gehen. Sollen Sie definieren und/oder beschreiben, erklären, prognostizieren, beweisen? Ich spiele diese Möglichkeiten einmal durch. Soll(en) in erster Linie
- *definiert* werden, was Sozialisation ist?
- konkrete Sozialisationsprozesse *beschrieben* werden?
- *erklärt* werden, welche Faktoren den Sozialisationsprozeß maßgeblich beeinflussen?
- *prognostiziert* werden, welche Sozialisationsergebnisse zu erwarten sind, wenn bestimmte Sozialisationsbedingungen verändert werden?
- *bewiesen* werden, daß die meisten Sozialisationstheorien auf einem mechanistischen Menschenbild aufbauen?
- *Handlungsanleitungen* gegeben werden, wie ein positives Sozialverhalten in der Schule gefördert werden kann?

Schließlich sollten Sie wissen, nach welchen Kriterien Ihre Arbeit beurteilt wird.

Die Checkliste auf der nächsten Seite ist eine Hilfestellung. Kopieren Sie diese Seite, und nehmen Sie sie mit ins Seminar, wenn Hausarbeiten vergeben werden. Es ist keine Zumutung, wenn Sie von Lehrenden eine klare Antwort auf die Fragen haben wollen, die in der Checkliste aufgeführt sind.

Ein Thema analysieren

Das Erfolgsrezept für das Schreiben einer Arbeit lautet: Der Verfasser, die Verfasserin muß den Arbeitsprozeß steuern – statt von der Literatur gesteuert zu werden. Die wichtigste Zutat für dieses Rezept ist die Themenanalyse. Dieser erste Arbeitsschritt besteht aus drei Teilschritten.

Checkliste Hausarbeit

- Wie lautet das Thema der Arbeit exakt?

- Welchen Umfang soll die Arbeit haben?

- Was wird in erster Linie erwartet? Sollen Sie referieren und/oder interpretieren, analysieren, vergleichen bzw. einen Überblick geben?

- Welche Aspekte sollen angesprochen werden? Sollen Sie eigenständig Schwerpunkte setzen und Eingrenzungen vornehmen?

- Wie ordnet sich das Thema in das Seminar ein?

- Welche Literatur ist auf jeden Fall zu berücksichtigen?

- Reicht die angegebene Literatur aus, oder wird von Ihnen eine ergänzende Literaturrecherche erwartet?

1. Das Thema erschließen

Womit beginnt die Analyse eines Themas? Mit eigenen Überlegungen. Überlegen Sie,
- was *Sie* über das Thema wissen (möchten),
- was *Sie* an dem Thema interessant oder spannend finden,
- welche Fragen und Probleme *Sie* sehen und beantwortet bzw. geklärt haben wollen.

Schreiben Sie in Stichworten alles auf, was Ihnen zum Thema einfällt. Denken Sie nicht lange über eine Idee nach. Schreiben Sie die Idee auf und dann sofort die nächste. Üben Sie keine Gedanken-Zensur aus: Notieren Sie jeden Gedanken.

Ich setze zu diesem Zweck die Mind-Map-Technik ein, die ich auf Seite 47 vorgestellt habe: Ich nehme ein großes Blatt Papier. In die Mitte schreibe ich das Thema – und lege los. Jede Idee, jeder Gedanke, jede Frage wird in Schlüsselworten auf einer Linie notiert, die von der Mitte ausgeht. Fällt mir zu einer Idee oder Frage noch etwas ein, füge ich jeweils eine weitere Linie an.

Diese Technik hat gegenüber anderen Formen des Brainstormings den Vorzug, daß sie stärker zu Assoziationen und Verknüpfungen anregt (kann die Linie fortgesetzt, mit anderen verbunden werden?). Dem Ergebnis des Mind Mappings sind mit einem Blick (vorläufige) Schwerpunkte und Leerstellen zu entnehmen. Das regt zum Weiterdenken an. Zudem ist die gesamte Aspektpalette eines Themas auf einem Blatt zusammengefaßt.

2. Die Literatur sichten

Wenn Sie eine Stunde investieren, um Ihr Vorwissen, Ihre Fragen und Ihre Meinung zum Thema zu notieren, haben Sie eine nützliche Stütze und Bezugsgröße für den folgenden Schritt, den ersten Durchgang durch die Literatur. Diese Arbeitsphase dient dazu, sich einen Überblick über das Thema zu verschaffen. Den Überblick versperren Sie sich, wenn Sie in die Tiefe gehen: Die Literatursichtung geht in die Breite, um einen Rundumblick auf das Thema zu bekommen. Deshalb sind weder »Klassiker« oder ältere Standardwerke in dieser Phase geeignete Texte, sondern Handbucharktikel, Sammelbesprechungen oder aktuelle Zeitschriftenaufsätze, in denen der Stand der Forschung bzw. Diskussion referiert wird.

Der Umfang die Literatursichtung hängt von der Art der Arbeit ab. Ist für eine *Hausarbeit* die Literatur vorgegeben und das Thema präzise formuliert, kommen Sie mit einem Text aus, in dem der Gegenstand Ihrer Arbeit in die wissenschaftliche Diskussion eingeordnet wird. Anders formuliert: Ihre Hausarbeit ist in der Regel ein Teil eines Seminar-Puzzle. Zusammen mit anderen Hausarbeiten ergibt sie ein Bild vom Thema des Seminars. Sie lesen und schreiben souveräner, und die Arbeit fällt Ihnen leichter, wenn Sie an Ihrem »Puzzle«-Teil mit einer Vorstellung vom gesamten Bild arbeiten.

Ist das Thema vage formuliert und die Literatur nicht verbindlich vorgegeben, müssen Sie mehr Energie in die Literatursichtung investieren, um eine Vorstellung entwickeln zu können, wie Sie sinnvoll einen Schwerpunkt setzen und das Thema eingrenzen können.

Bei einer *Abschlußarbeit* zielt die Literatursichtung auf einen Überblick über den Stand der Forschung, um bestimmen zu können, welchen Beitrag die eigene Arbeit leisten kann.

3. Das Thema eingrenzen

Hat ein Thema keine festumrissenen Grenzen, ufert die Arbeit aus. Hat ein Thema keinen Schwerpunkt, mißlingt die Arbeit, weil alles angesprochen und – deshalb – nichts gesagt wird. Allgemeiner: Ein Thema darf nicht so weit gesteckt sein, daß es nur oberflächlich behandelt werden kann. Mit einem überschaubaren Thema stehen Sie auf sicherem Grund. Ein überschaubares Thema erhöht die Chance, eine »runde« Arbeit zu schreiben – und das heißt auch: die potentiellen Leserinnen und Leser nicht zu langweilen.

Im Grundstudium sollten Sie sich besonders vor Sachbuch-Themen hüten. Das sind Themen, über die bereits so umfangreiches Wissen vorliegt, daß Sie zum einen sehr viel lesen und zum anderen hundert Seiten und mehr schreiben müßten, um den Gegenstand erschöpfend zu behandeln. »Aids«, zum Beispiel, ist kein Thema für eine Hausarbeit, sondern für ein Sachbuch. Ein – schon sehr anspruchsvolles – Thema für eine Hausarbeit könnte lauten: »Die Aids-Aufklärung der Bundesregierung.« Anspruchsvoll ist das Thema deshalb, weil sehr unterschiedliche Medien ermittelt und ausgewertet werden müßten. Eingrenzungen wären daher, jedenfalls im Grundstudium, ratsam – zum Beispiel auf einen bestimmten Zeitraum (»Die Aids-Aufklärung der Bundesregierung in den neunziger Jahren«) oder auf eine bestimmte Zielgruppe (»Die Aids-Aufklärung der Bundesregierung in Schulen«).

Bei Abschlußarbeiten sollten Sie drei Thementypen meiden:
- Hochstapler-Themen: Das sind Themen, die nur auf der Grundlage intensiver Forschung ernsthaft behandelt werden können.
- Jahrhundert-Themen der Wissenschaft: Den Grund des Seins, die Wurzeln des Guten (oder Bösen), den Anfang des Universums sollten Sie erforschen, wenn Sie einige Jahre Zeit haben und für diese Forschung gut bezahlt werden oder zumindest ein angemessenes Stipendium bekommen.
- Mode-Themen: Sie riskieren bei Themen, über die viel veröffentlicht wird, in der Flut – teils überflüssiger – Literatur unterzugehen und deshalb nur an der Oberfläche des Themas zu bleiben statt einen eigenen Akzent zu setzen.

Umberto Eco hat vier nützliche »Faustregeln« für die Themenwahl bei einer Abschlußarbeit aufgestellt, die sich auch auf Hausarbeiten übertragen lassen:
1. »Das Thema soll den Interessen des Kandidaten entsprechen.«
2. »Die Quellen, die herangezogen werden müssen, sollen für den Kandidaten auffindbar sein.«
3. »Der Kandidat soll mit den Quellen, die herangezogen werden müssen, umgehen können.«
4. »Die methodischen Ansprüche des Forschungsvorhabens müssen dem Erfahrungsbereich des Kandidaten entsprechen.« (S. 14 f.)

Kurz und nur auf den ersten Blick banal: Wer eine »Abschlußarbeit schreiben will«, soll eine schreiben, »die er schreiben *kann*«. Eco fügt hinzu: Manche Arbeit mißlingt »auf eine dramatische Weise«, weil diese »offensichtlichen Kriterien« nicht berücksichtigt wurden (S. 15 – Herv. im Text).

Um eine Haus- oder Abschlußarbeit zu schreiben, die Sie schreiben können, ist es wichtig, Grenzen abzustecken. Wie kann ein Thema eingegrenzt werden? Unter mindestens zehn Gesichtspunkten:
1. zeitlich: von ... bis, im ... Jahrhundert, in der Weimarer Republik, in der Ära Adenauer;
2. geographisch: in Frankreich, in Süddeutschland, in Venedig;
3. nach Institutionen: in Einrichtungen der Erwachsenenbildung, in Kommunalverwaltungen, in Amtsgerichten;

4. nach Personengruppen: Frauen, Männer, Kinder, Strafgefangene, Führungskräfte;
5. nach Quellen: Flugblätter als Mittel des Protestes, Alltag im Amateurschmalfilm;
6. nach Personen: Das Motiv der Auferstehung in den Werken von ..., Kulturkritik der Jahrhundertwende in den Schriften von ..., Comics als Kunstform – Das Werk von Will Eisner;
7. nach Disziplingesichtspunkten: moralphilosophische Anmerkungen über den Hirntod; eine bildungssoziologische, pädagogische, linguistische Analyse des Deutschunterrichts;
8. nach Theorieansätzen, Erklärungskonzepten: eine systemtheoretische Betrachtung, ein statistischer Vergleich, eine qualitative Untersuchung;
9. nach Vertreterinnen und Vertretern eines Theorie- bzw. Erklärungsansatzes: eine Analyse in Anlehnung an Foucault;
10. nach ausgewählten Aspekten: der Strafvollzug als Lernprozeß, die Kirche als Männerwelt, das Krankenhaus als bürokratisches System.

Häufig sind Kombinationen solcher Eingrenzungen erforderlich:
- Die gewerkschaftspolitische Diskussion im *Berlin* der *Nachkriegsjahre*.
- Der Einfluß von *Frauen* auf die *hessische* Gewerkschaftspolitik *nach 1968*.
- *Kinder* als Zielgruppe der *Radio*-Werbung *in den neunziger Jahren*.
- Politischer Protest in *Comics* der *Dritten Welt*. Die Arbeiten von *Larry Feign* in der ›*South China Morning Post*‹.

Sie können ein Thema dann sinnvoll eingrenzen, wenn Sie wissen, was Sie warum nicht behandeln. Darüber Klarheit zu haben, ist aus zwei Gründen notwendig:
1. Sie müssen (in der Einleitung) erläutern, warum Sie in Ihrer Arbeit welchen Schwerpunkt setzen, und worauf Sie warum nicht eingehen.
2. Sie sollten – und müssen in der Abschlußarbeit – darauf hinweisen, welche Zusammenhänge bestehen zwischen dem Themen-Aus-

schnitt, den Sie behandeln, und dem Themen-Ganzen. Der Ort für diese Einordnung ist die Einleitung oder der Schlußteil (siehe Seite 89 ff.).

Literatur beschaffen

Nun müssen Informationen beschafft und ausgewertet werden. Das ist (fast) kein Problem, wenn die Literatur vorgegeben ist. Sie müssen nur noch in die Bibliothek gehen und die Literatur ausleihen – falls sie vorhanden ist. Ist ein Buch nicht verfügbar, besteht noch die Chance, daß der Titel im »Handbestand« (oder »Semesterapparat«) der Fachbereichs- bzw. Institutsbibliothek steht. Bestellen Sie ein Buch über die Fernleihe, müssen Sie bis zu vier und mehr Wochen warten, bis es eintrifft.

Wollen oder müssen Sie eigenständig Literatur ermitteln, können Sie das auf zwei Wegen tun. Ist ein vollständiger Literaturüberblick nicht erforderlich, kommen Sie mit dem *Schneeball-Verfahren* schnell voran: Sie beginnen mit einer zuverlässigen Quelle, zum Beispiel einem Handwörterbuch. Im Literaturverzeichnis finden Sie weitere Veröffentlichungen zum Thema – und in jeder dieser Veröffentlichungen weitere themenrelevante Titel. Die Zahl der so ermittelten Literatur vergrößert sich wie ein rollender Schneeball. Dieses Vorgehen hat allerdings zwei Nachteile:

1. Es ist keineswegs sicher, daß Sie bei diesem Vorgehen auf alle wichtigen Veröffentlichungen stoßen; denn es gibt in der Wissenschaft »Zitierkartelle«: Wissenschaftlerinnen und Wissenschaftler zitieren einander ausgiebig und berücksichtigen die Autorinnen und Autoren nicht, die dem »Kartell« nicht angehören bzw. einen anderen wissenschaftlichen Ansatz verfolgen.
2. Sie stoßen nur auf Literatur, die älter ist als die Quelle, von der aus Sie starten. Diese Grenze des Schneeball-Verfahrens können Sie ausdehnen, wenn Sie die Suche mit einem aktuellen Zeitschriftenaufsatz oder der neuesten Buchveröffentlichung zum Thema beginnen. Fragen Sie Ihre Dozentin oder Ihren Dozenten nach der neuesten Literatur, denn sie ist häufig in der Bibliothek noch nicht katalogisiert.

Wird ein umfassender Literaturüberblick verlangt, zum Beispiel bei der Abschlußarbeit, müssen Sie systematisch *Bibliographieren*. Damit Sie dann, wenn es darauf ankommt, Bibliographieren können, sollten Sie sich möglichst früh fit machen im Umgang mit den verschiedenen Bibliothekskatalogen und Bibliographien.[1] Der beste Einstieg ist die Teilnahme an einer Einführung, die (fast) jede Hochschulbibliothek zu Beginn des Semesters anbietet. Zudem sollten Sie mit elektronischen Literatur-Datenbanken umgehen und die Möglichkeiten nutzen können, die Online-Recherchen für die Ermittlung von Literatur bieten.[2]

Alle diese Auskunftsmittel sind Mittel zum Zweck. Gerade das World Wide Web wird leicht zum virtuellen Ort, an dem Sie sich in der Literatursuche »verirren« können. Immer mehr, immer weiter entfernt liegende und immer exotischere Quellen lassen sich ermitteln. Doch eine intensive und extensive Literaturrecherche kann auch zur Flucht werden – vor der Notwendigkeit, sich durch die Literatur zu beißen, sich eigene Gedanken zu machen und mit dem Schreiben zu beginnen. Vor allem im Grundstudium rate ich zu Pragmatismus. Die Suche nach Literatur sollte nicht mehr als ein Fünftel der Zeit beanspruchen, die Sie für eine Arbeit zur Verfügung haben. Wenn Sie unsicher sind, ob Ihre Literaturbasis breit genug ist, fragen Sie »Ihren Prof.«

Ob Sie auf Kataloge zurückgreifen oder im Internet nach Literatur surfen: Der Erfolg dieser Suche hängt in hohem Maße von der Themenanalyse ab. Denn unabhängig vom Medium müssen Sie

---

1 Ich erläutere den Umgang mit Bibliothekskatalogen und Bibliographien an anderer Stelle ausführlich: Rückriem, Stary, Franck, S. 87–125
2 Einen Überblick über wichtige auf CD-ROM verfügbare Literatur-Datenbanken für die Geistes-, Sozial- und Wirtschaftswissenschaften, für Jura, Medizin, Natur- und Ingenieurwissenschaften geben Karl-Dieter Büntig, Axel Bitterlich, Ulrike Pospiech: Schreiben im Studium. Berlin 1996, S. 85ff. Manfred Boni hat eine hilfreiche Anleitung für die Fahrt auf der »Datenautobahn« vorgelegt: Internet für Wirtschafts- und Sozialwissenschaftler. München 1996. Die Recherche im Online Public Access Catalog (OPAC), der in zahlreichen Universitätsbibliotheken verwendet wird, erläutern Uwe Hoppe, Jochen Kuhl (S. 111 ff.) Der OPAC erlaubt eine Suche mit kombinierten Suchbegriffen. Und Sie können, den entsprechenden PC-Arbeitsplatz vorausgesetzt, von Zuhause aus recherchieren.

- möglichst präzise wissen, was Sie suchen, und
- das Thema, über das Sie Literatur suchen, mit Schlag- bzw. Stichworten umschreiben können.

Und Sie müssen wissen, welche Art von Literatur Sie suchen. Ist Text nicht gleich Text? Ja und nein. Ja: Jeder Text transportiert Informationen. Nein: Wenn es darum geht, wissenschaftliche Standards zu erfüllen, ist die Unterscheidung zwischen Primär-und Sekundärliteratur wichtig.

Nehmen wir an, Sie wollen eine Arbeit über das Konzept der Risikogesellschaft von Ulrich Beck schreiben (ein Modethema) oder über den Begriff des Selbstbewußtseins bei Friedrich Schleiermacher (ein sehr abstraktes Thema). Dann sind die Veröffentlichungen von Beck oder Schleiermacher Ihr Gegenstand – Primärliteratur. Aufsätze und Bücher über Beck bzw. Schleiermacher sind Hilfsmittel – Sekundärliteratur.

Diese Unterscheidung ist aus zwei Gründen wichtig:
1. Eine Arbeit über Beck oder Schleiermacher muß sich auf die Primärliteratur stützen. Das heißt: Sie dürfen Beck oder Schleiermacher nicht aus zweiter Hand zitieren. Sekundärliteratur kann Ihnen helfen, Beck oder Schleiermacher besser zu verstehen. Sie ist aber – auch wenn Beck oder Schleiermacher ausführlich referiert und zitiert werden – keine Quelle.

Spätestens bei der Abschlußarbeit kommt eine weitere Anforderung hinzu: Die Quelle muß eine zuverlässige Quelle sein. Zu Schleiermachers Begriff von Selbstbewußtsein hat Manfred Frank zentrale Textpassagen in einem Band über Selbstbewußtseinstheorien zusammengestellt. Doch diese Textauszüge sind allenfalls im Grundstudium eine akzeptable Quelle. Für eine Abschlußarbeit führt kein Weg an den ›Sämtlichen Werken‹ vorbei. Eine Textsammlung kann den Einstieg ins Thema und den Zugang zur Primärliteratur erleichtern, aber nicht das Studium der Primärliteratur ersetzen. Eine Textsammlung ist eine Auswahl durch andere. Ob diese Auswahl vollständig und zuverlässig ist, muß überprüft werden.[3]

---

3 Für Umberto Eco ist – bei Abschlußarbeiten – auch eine Übersetzung keine Quelle aus erster Hand, sondern eine »Prothese«, ein Hilfsmittel, um in »be-

2. Sie wollen über Schleiermacher schreiben und stellen zu einem bestimmten Zeitpunkt fest, daß Sie sich in die Literatur *über* Schleiermacher hineingegraben haben. Dann haben Sie zwei Möglichkeiten: Sie kehren zur Arbeit an der Quelle zurück. Oder Sie ändern Ihr Thema und schreiben über die Schleiermacher-Rezeption. Entscheiden Sie sich für die zweite Möglichkeit, stehen Sie – jedenfalls bei einer Abschlußarbeit – vor einer neuen Anforderung. Schleiermacher ist zwar nicht mehr Ihr Gegenstand, aber Sie müssen trotzdem seine Veröffentlichungen sorgfältig lesen, denn eine Arbeit über die Rezeption eines Autors oder einer Autorin verlangt umfassendes Wissen über deren Werke. Kurz: Sie haben mehr Arbeit, wenn Sie sich für die zweite Möglichkeit entscheiden.

»Die Kunst ist lang, und kurz ist unser Leben«, klagt Wagner in Goethes ›Faust‹ (Bd. 5, S. 161). Die richtige Literatur zu finden, ist Handwerk. Wenn Sie
- wissen, was Sie suchen,
- sich mit dem notwendigen Handwerkszeug vertraut machen und
- daran denken, daß Bibliothekarinnen und Bibliothekare auch dafür da sind, Ihnen zu helfen,

dann bleibt Ihnen genügend Zeit zum Lesen, Schreiben und Leben.

Literatur auswerten

Es gibt keinen Königs- und keinen Königinnenweg im Studium: War Ihre Literatursuche erfolgreich, stehen Sie vor der Qual der Wahl. Mit einer Relevanzprüfung (vgl. S. 34) können Sie die wichtigsten Titel auswählen. Notieren Sie die Titel und Fundstellen der Literatur, die Sie (zunächst) nicht heranziehen wollen. Das erspart Ihnen Arbeit, wenn Sie zu einem späteren Zeitpunkt feststellen, daß Sie noch Lücken schließen müssen.

schränktem Umfang etwas zu erreichen, was einem sonst nicht zugänglich wäre«. (S. 70) Ihre Betreuerin oder Ihr Betreuer kann der gleichen Auffassung sein. Klären Sie deshalb, wenn Sie zum Beispiel eine Abschlußarbeit über Michel Foucault oder Carol Gilligan schreiben wollen, ob von Ihnen erwartet wird, daß Sie deren Arbeiten im Original lesen.

Wie geht es weiter, wenn die ausgewählten Bücher und Zeitschriften auf Ihrem Schreibtisch liegen? Sie können die Literatur selektiv auswerten oder mit einem Grundlagentext beginnen.

Den ersten Weg können Sie dann beschreiten, wenn Sie sich in Ihrem Thema auskennen und genau wissen, welche Informationen Sie wofür brauchen. Ist das Thema für Sie neu, sollten Sie mit einem Text beginnen, der Ihnen einen Überblick vermittelt. Mit einem solchen Grundlagentext schaffen Sie die Voraussetzung, um unterschiedliche Positionen zum Thema einordnen und tiefer in die Materie einsteigen zu können. Das Risiko auf diesem Weg: Im Grundlagentext wird unter Umständen nur eine Problemsicht akzentuiert. Dieses Risiko können Sie in Kauf nehmen, wenn Sie kritisch lesen und die Aussagen im Text stets auf Ihre Themenanalyse beziehen.

Der Grundlagentext ist Mittel zum Zweck: Sie wollen Informationen über Ihr Thema. Doch der Grundlagentext ist kein Supermarkt, in dem mal hier und mal dort Waren aus dem Regal genommen werden können. Beachten Sie deshalb die Intention, die mit dem Text verfolgt wird, und den Zusammenhang, in dem die einzelnen Informationen und Argumente stehen. Die Lektüre ist, heißt es in einem älteren Text (etwas pathetisch), ein Gespräch zwischen der Themenanalyse und dem Buch. Zu hören sei auf beides: »auf die gesuchte und erfragte Sache und auf die thematische Intention des Buches«. Das Gespräch ist »ein wechselseitiges Hören und Reden: Das Hören ist das Erste und Grundlegende, das Reden das Zweite, weil durch das Hören erst Ermöglichte.« Eine »wirkliche Informationsaufnahme« setzt voraus, daß »man sich wirklich und ganz der Information ... öffnet«. (Greschat u. a. 1970, S. 81)

Nach dem Studium des Grundlagentextes haben Sie wiederum zwei Möglichkeiten: Entweder Sie lesen einen ähnlich umfassenden Text, in dem das Thema unter einem anderen Blickwinkel betrachtet wird. Oder Sie greifen zu Texten, in denen einzelne Aspekte vertieft bzw. ergänzt werden. Welche der beiden Möglichkeiten sinnvoller ist, läßt sich nicht verbindlich festlegen. Ich empfehle, erst dann mit der selektiven Literaturauswertung zu beginnen, wenn Sie den Eindruck haben, daß Sie Ihr Themenfeld überblicken.

Die Frage nach der Reihenfolge der Lektüre stellt sich etwas anders, wenn Sie über die Arbeit eines oder einer Ihnen bislang unbekannten Autors bzw. Autorin schreiben: Ob es sinnvoller ist, mit der Primärliteratur zu beginnen oder zunächst Sekundärliteratur heranzuziehen, hängt davon ob, wie nah oder fern Ihnen die Gedankenwelt eines Autors oder einer Autorin ist. Wäre, um auf mein Beispiel zurückzukommen, Schleiermacher »Ihr« Autor, kämen Sie einerseits ohne Sekundärliteratur nicht voran. Andererseits könnten Sie ohne die Lektüre Schleiermachers die Sekundärliteratur nicht beurteilen. Was tun? Wechseln Sie zwischen der Primär- und Sekundärliteratur: Beginnen Sie mit einem oder zwei Texten über Schleiermacher und seine Zeit, um Aufschluß zu gewinnen über die Themen, Probleme und Ideenwelt des frühen 19. Jahrhunderts. Versuchen Sie dann zu verstehen, worum es Schleiermacher geht. Wechseln Sie wieder zur Sekundärliteratur, und kehren Sie schließlich wieder zum Autor zurück mit dem Ziel, seine Arbeit vor dem Hintergrund neuer Kenntnisse besser zu verstehen.

Während der Lektüre sollten Sie wichtige Informationen, Quellenhinweise, Gedankensplitter usw. schriftlich festhalten. Das ist aus mehreren Gründen unerläßlich:

1. Mißtrauen gegenüber dem eigenen Gedächtnis ist »Pflicht« im Studium. Sie sind vergeßlich. Deshalb sollten Sie festhalten, was Sie gelesen haben. Das spart Zeit, wenn es darum geht, eine Arbeit zu schreiben. Der PC ist eine nützliche Hilfe, Gelesenes zu dokumentieren. Der Vorteil, gespeicherte Zitate und Notizen zu einem späteren Zeitpunkt ohne großen Aufwand in das Manuskript einfügen zu können, ist mit einem Nachteil verbunden: Die Verführung ist groß, alles, was zum Thema auf der Festplatte ruht, auch in die Arbeit zu nehmen. So entstehen oft lange und langweilige Texte. Wer sich handschriftliche Notizen macht, überlegt eher, was »ins Reine« geschrieben werden soll. Arbeiten, die durch diesen Filterprozeß »gereinigt« wurden, sind meist »nahrhafter«, weil frei von überflüssigen Quellstoffen. Zudem kann selbst das beste Textverarbeitungsprogramm in einem Punkt mit Notizen auf Karteikarten nicht mithalten: Karteikarten können Sie ohne Aufwand mit in die Bibliothek nehmen, neu ordnen, auf dem Fußboden oder an einer Pinwand beliebig (um)sortieren und zu einer Themenlandkarte gruppieren.

2. Notizen machen die eigene Arbeit greifbarer. Sie können psychisch

entlasten, weil sichtbar wird, daß Sie gearbeitet haben und diese Arbeit zu einem (Zwischen-)Ergebnis geführt hat.
3. Wenn Sie parallel zur Lektüre eigene Gedanken notieren, schaffen Sie leichter den Sprung von der Literatur- zur Themenerarbeitung. Vielen Studierenden fällt dieser Absprung schwer. Sie verhalten sich wie Eichhörnchen: Sie lesen auf Vorrat – in der Hoffnung, daß sich das Titelsammeln am Ende lohnt. Doch während ein Eichhörnchen die gesammelten Früchte genüßlich verzehren kann, sind bei einer schriftlichen Arbeit die Lesefrüchte nur Mittel zum Zweck: über ein Thema zu schreiben. Der Absprung vom Lesen zum Schreiben (akademisch: von der Rezeption zur Produktion) fällt leichter, wenn Sie parallel zur Lektüre festhalten, was diese Überlegung oder jenes Argument für Ihr Thema bedeuten kann. Notieren sollen Sie Ihre Überlegungen aus zwei Gründen: Erstens vergessen Sie nicht nur, was Sie gelesen haben, sondern auch eigene Gedanken. Zweitens bekommen Sie den Kopf frei für neue Gedanken.

Zu einem bestimmten Zeitpunkt müssen Sie die Lektürephase abschließen. Doch Sie werden im nächsten Arbeitsschritt nicht ohne Literatur auskommen, sondern in diesem Buch oder jenem Aufsatz noch einmal nachlesen, zu einem bestimmten Aspekt, dessen Bedeutung Ihnen erst beim Schreiben bewußt wird, weitere Literatur heranziehen. Die Grenzen zwischen dem dritten und vierten Schritt sind demnach fließend. Deshalb werde ich bei der Themenerarbeitung noch einmal zur Literaturerarbeitung zurückkehren.

Das Thema erarbeiten

In der Einleitung zu diesem Kapitel habe ich gefragt, was die Studienanfängerin tun soll, der – ohne weitere Erläuterungen – die Aufgabe gestellt wird, eine Arbeit über »die Sozialbindung des Eigentums« zu schreiben. Die Studentin wußte es nicht. Sie hatte viel gelesen, aber sie kam nicht voran. Ihre Überlegungen kreisten um die Frage, was wohl von ihr verlangt werde. Das ist eine notwendige Frage, wenn es um einen Seminarschein geht. Aber sie ist nicht hinreichend, um eine

Arbeit anpacken zu können. Ich habe der Studentin geraten zu überlegen, welche Fragen *sie* hat, was *sie* interessiert. Diese simple Anregung löste ihre Blockade.

Ich verallgemeinere diese Erfahrung: Wer nichts wissen will, dem und der fällt auch nichts ein – und das Schreiben schwer. Wer keine Fragen hat, wird auch keine Antworten finden – und im »Stoff« ertrinken. Deshalb ist eine präzise Fragestellung wichtig. Und Sie sollten wissen, welches Ziel Sie erreichen wollen. Denn ans Ziel kommt nur, wer ein Ziel hat.

Fragestellung

Ich beginne mit einem etwas schrägen Beispiel, das die Bedeutung von Fragestellungen verdeutlichen soll: Mein Thema ist »Der Apfel.« Ich kann fragen:
- Wieviel Kalorien hat ein Apfel?
- Wann wurden Äpfel erstmals systematisch angebaut?
- Wie ist die Nachfrage nach deutschen Äpfeln?
- Wieviel Äpfel sind auf Cézannes ›Stilleben mit Statuette‹?
- Wie können Äpfel zubereitet werden?
- Welches Strafmaß ist für den Diebstahl eines Apfels vorgesehen?
- Können Äpfel und Birnen gekreuzt werden?
- Was wiegt ein Apfel im Durchschnitt?

Ich kann viel mit einem Apfel machen. Und ich kann ganz unterschiedliche Fragen an das Thema »Apfel« stellen – und dementsprechend zu sehr unterschiedlichen Antworten kommen. Deshalb muß ich mich entscheiden, was ich über den Apfel wissen will. Allgemeiner: Sie brauchen eine Fragestellung. Der Zeitpunkt für die Formulierung einer Fragestellung läßt sich nicht definitiv bestimmen. In der Regel wird sie im Prozeß der Literaturerarbeitung entwickelt. Daher gehe ich an dieser Stelle noch einmal zurück zum dritten Arbeitsschritt.

Zu einer Fragestellung können Sie mit der Hilfe von Fragen kommen. Im Kapitel »Lesen« habe ich die W-Fragen als Frage-Hilfe vorgestellt. Diese Hilfe läßt sich ausbauen: Mit der Kombination von W-

Fragen und problemstrukturierenden Begriffen können Sie in der Auseinandersetzung mit der Literatur fragend *Ihre* Fragestellung entwickeln. Damit nehmen Sie eine aktive Fragehaltung ein – zentrales Merkmal wissenschaftlichen Arbeitens und Voraussetzung, Ihrer Haus- oder Abschlußarbeit eine Richtung zu geben.

Einige Beispiele für die Kombination von W-Fragen mit problemstrukturierenden Begriffen:
- *Warum* wurde diese *Fragestellung* in der Rechtswissenschaft wichtig?
- *Welche Prämissen* liegen dem Ansatz zugrunde?
- *Wann* wurde dieses *Problem* erstmals formuliert?
- *Wie* kann diese *Funktion* erfüllt werden?
- *Wer* erfüllt diese *Voraussetzungen*?
- *Wer* sind die *Adressatinnen* und *Adressaten* dieser sozialpädagogischen Maßnahme (arbeitsmarktpolitischen Entscheidung, medizinischen Forschung)?
- *Welches Problem* soll mit diesen Vorschlägen gelöst werden?
- *Wie* kann dieses (volkswirtschaftliche, politische, pädagogische) *Ziel* erreicht werden?

Häufig ist es erforderlich, problemstrukturierende Begriffe zu verbinden:
- *Gegenstand* und *Funktion* (*Aufgaben*) des Strafrechts (der Rechtsgeschichte),
- *Ursache* und *Wirkung* von Einwanderungsbeschränkungen,
- *Möglichkeiten* und *Grenzen* der Erziehung (Systemtheorie).[4]

---

4 W-Fragen und problemstrukturierende Begriffe sind auch nützlich, um sich Klarheit über die eigene Arbeit zu verschaffen. Ein nicht ganz ernst gemeintes Beispiel zum Thema »Das Liebesleben der Junikäfer«:
   - *Was* möchte ich herausbekommen? *Fragestellung:* Gibt es homosexuelle Beziehungen unter Junikäfern?
   - *Warum* möchte ich das herauskriegen? *Ziel:* Anhand eines Beispiels klären, ob es auch im Tierreich unterschiedliche sexuelle Optionen gibt.
   - *Wie* will ich vorgehen? *Methode:* Beobachtungen.
   - *Wer* soll die Ergebnisse meiner Arbeit lesen? *Adressatinnen* und *Adressaten:* Die Fachwelt.
   - *Wann* will ich meine Untersuchung abgeschlossen haben? *Zeitraum:* In sechs Monaten.

Erratazettel zu dtv 33009 Franck: Fit fürs Studium

Leider entfiel durch einen technischen Fehler auf Seite 101 folgender Text:

6. Wie weise ich Ergänzungen aus?
Erläuterungen werden in Klammern gesetzt und durch den Vermerk »d. Verf.« oder Initialen ergänzt: »So hat er (der Unternehmer Daniel Kirchner – N.F.) viele Menschen ...« Bei *Anpassungen* wird auf einen solchen Zusatz verzichtet: Umberto Eco meint, »diese Regel (sei) absolut bindend, wenn es sich um ein literarisches Werk handelt«. (S. 199)

7. Wie kennzeichne ich Auslassungen?
Auslassungen *im* Satz durch drei Punkte: »Auslassungen ... sind zulässig, wenn dadurch der ursprüngliche Sinn des Zitats nicht verändert wird.« (Rückriem, Stary, Franck, S. 171) Werden mehrere Sätze zitiert und dabei ein *Satz* oder mehrere Sätze ausgelassen, wird dies durch drei Punkte in Klammern ausgewiesen. Bei Auslassungen am *Satzanfang* oder *Satzende* sind Sie mit drei Punkten auf der sicheren Seite: »Auslassungen (auch Ellipsen genannt) sind zulässig ...« Allerdings dürfen sie den Sinngehalt des Zitats nicht verändern. (Rückriem, Stary, Franck, S. 171). Sie können, wie ich in diesem Buch, auf die drei Punkte am Satzanfang und Satzende verzichten, wenn es nicht gegen die Zitations-Gepflogenheiten Ihres Fachbereichs verstößt.

---

[*] Carl v. Heister: Ethnographische und geschichtliche Notizen über die Zigeuner. Königsberg 1842, S. 116.

Problemstrukturierende Begriffe wie *Fragestellung, Prämisse, Problem* sind logisch-analytische Kategorien – keine inhaltlichen wie Freiheit, Marktwirtschaft, Individuum, Zellkern oder Vertragsrecht. Auf der nächsten Seite sind eine Reihe weiterer wichtiger problemstrukturierender Begriffe aufgeführt.

Ich kehre zurück zur Themenerarbeitung und erläutere die Entwicklung einer Fragestellung an einem Beispiel: Nehmen wir an, Sie sollen eine Hausarbeit über den Zusammenhang von Geld und Politik schreiben. Die Themenanalyse und eine erste Literatursichtung haben Ihnen deutlich gemacht, daß in diesem Thema viele Themen stecken. Sie interessiert, wie sich Parteien finanzieren. Sie entscheiden sich deshalb, dieser Frage nachzugehen. Im Prozeß der Literaturauswertung stellen Sie fest: Der Rahmen einer Hausarbeit wird gesprengt, wenn Sie diese Frage problemorientiert aufgreifen und nicht nur Zahlen zusammenstellen wollen. Da Sie kein Sachbuch schreiben und nicht hochstapeln wollen, muß die Frage enger gefaßt werden. »Parteienfinanzierung« wird deshalb konkretisiert: Welche Bedeutung haben Großspenden für Parteien? Vielleicht werden Sie während der Bearbeitung der Literatur feststellen, daß diese Frage weiter spezifiziert werden muß. Das ist kein Unglück, sondern die Regel. Und das ist, wenn Sie zielgerichtet gelesen haben, kein Problem, sondern ein Hinweis darauf, daß Sie Ihr Thema in den Griff bekommen.

Ich habe unterstellt, Sie würden sich für die Finanzierung von Parteien interessieren. Die Frage, warum Sie das interessiert, ist die Frage nach Ihrem Erkenntnisinteresse. Vielleicht möchten Sie prüfen, ob ein Zusammenhang zwischen Spenden und politischen Entscheidungen besteht. Oder Sie wollen Aufschluß gewinnen über die unterschiedliche Nähe des »großen Geldes« zu den verschiedenen Parteien. Wie auch immer: Wenn Sie sich Ihr Interesse an einem Thema deutlich machen, helfen Sie sich selbst über Durststrecken beim Lesen und Schreiben hinweg. Und Sie schaffen sich – das ist spätestens für die Abschlußarbeit wichtig – eine Grundlage für einen (theoretischen) Bezugsrahmen, in den Sie Ihre Arbeit stellen können. Um im Beispiel zu bleiben: Sie beziehen sich auf politikwissenschaftliche Ansätze, denen zufolge gleiche Chancen der Einflußnahme auf die politische Willensbildung grundlegend für eine Demokratie sind, und

Problemstrukturierende Begriffe

Aktualität	Gefahren	Perspektiven
Analyse	Geltungsbereich	Praxis
Anfänge	Geschichte	Prinzip
Anlaß	Gründe	
Ansätze	Grundfragen	Quellen
Ansatzpunkt	Grundlagen	Querverbindungen
Anwendung	Grundstruktur	
Aspekt		Relevanz
Ausgangspunkt	Hauptströmungen	Richtlinien
Ausmaß	Hintergrund	Richtungen
	Hypothese	
Basis		Schema
Bedeutung	Inhalte	Schwerpunkt
Bedingungen	Intentionen	Schwierigkeit
Begriff	Interesse	Selbstverständnis
Begründung	Ist-Zustand	Situation
Beispiel		Struktur
Beziehung	Kategorien	Synthese
	Konkretisierung	System
Charakteristik	Konsequenzen	Systematisierung
	Konzept(ion)	
Daten	Kriterien	Techniken
Definition	Kritik	Tendenz
Determinanten		Terminologie
Dimension	Leitgedanke	Thema
	Leitlinien	Theorie
Einsichten	Lösung	These
Elemente		
Entstehung	Merkmale	Übersicht
Entwicklung	Methode	Ursprung
Ergebnis	Mittel	
Erscheinungen	Modell	Vorgeschichte
	Motiv	Vorteil
Fakten		
Folgen	Nachteil	Zukunft
Folgerungen	Notwendigkeit	Zusammenhang
Forderungen		Zweck
Formen	Ordnungskriterien	
Fragen	Organisation	

prüfen aus diesem Blickwinkel, ob und inwiefern Großspenden diese Chancengleichheit beeinträchtigen.

Ich habe bisher den Begriff »Fragestellung« umgangssprachlich verwandt. Eine *wissenschaftliche* Fragestellung wird dann formuliert, wenn ein Problem vorliegt: Was ist unbekannt, unklar oder widersprüchlich an dem Gegenstand, über den eine Arbeit geschrieben werden soll? Was muß getan werden, um dieses Problem zu lösen, diese Wissenslücke zu schließen? Eine wissenschaftliche Fragestellung zielt auf neue Erkenntnisse. Vor einer solchen Herausforderung stehen Sie erst nach acht oder zehn Semestern. In den Arbeiten, die Sie vor dem Studienabschluß schreiben, lösen Sie keine Probleme, sondern Aufgaben: Sie weisen nach, daß Sie in der Lage sind, vorhandenes Wissen nach wissenschaftlichen Standards (vgl. S. 19 ff. und S. 94 ff.) zu bearbeiten. Diese Aufgabe mag Ihnen Probleme bereiten; sie ist jedoch nicht mit der Anforderung verbunden, die Wissenschaft zu bereichern.

Ziel

In den fünfziger Jahren war ›... denn sie wissen nicht, was sie tun‹ ein Kultfilm. Der unglückliche Held, gespielt von James Dean, wußte nicht, was er tat, weil ihm nicht bewußt war, was er wollte. Wie James Dean geht es vielen Studierenden beim Schreiben von Hausarbeiten. Ohne klares Ziel gerät vieles durcheinander. Deshalb sollten Sie sich klarmachen, *was* Sie wissen wollen (Fragestellung), und *wozu* Sie das wissen wollen (Ziel). Wenn Sie wissen, was die Arbeit leisten soll, können Sie zielgerichtet arbeiten. Mit einem klar definierten Ziel haben Sie eine Orientierung, welche Wege Sie einschlagen müssen, um voranzukommen. Wenn Sie realistische Ziele formulieren, können Sie am Ziel ankommen.

Otto Kruse hat eine Liste weiter und enger Ziele aufgestellt, aus der ich die ausgewählt habe, die im Rahmen einer Hausarbeit sinnvoll verfolgt werden können.

Weite Ziele:
- einen Beitrag zum Verständnis von ... leisten,

- Wissen über ... zusammentragen,
- Klarheit in eine Kontroverse bringen,
- etwas Neues bekannt machen,
- auf etwas Vergessenes hinweisen.

Enge Ziele:
- einen Sachverhalt erklären,
- eine Behauptung prüfen,
- einen Zusammenhang untersuchen,
- Theorien, Positionen etc. vergleichen,
- Argumente für und gegen eine wissenschaftliche Position diskutieren,
- einen Sachverhalt analysieren,
- ein Werk interpretieren,
- ein Themenfeld systematisieren.

(Vgl. Kruse, S. 176)

»Wissen zusammentragen«, zum Beispiel über Parteienfinanzierung und die Bedeutung von Großspenden, ist ein weites Ziel, weil noch unbestimmt ist, ob zu diesem Zweck Fakten dokumentiert, ob wissenschaftliche Erklärungen interpretiert oder Zusammenhänge analysiert werden sollen. Deshalb sollte dieses Ziel um ein greifbares enges Ziel ergänzt werden – zum Beispiel:
- den Zusammenhang von Großspenden und politischen Entscheidungen untersuchen oder
- unterschiedliche Positionen über die Bedeutung und Legitimität von Spenden an politische Parteien vergleichen.

Den roten Faden skizzieren: Exposé

Sind die Fragestellung und das Ziel der Arbeit formuliert, können Sie sich – mit einem Plan – ans Schreiben machen. Ein Plan oder Exposé ist für eine Abschlußarbeit unverzichtbar und für Hausarbeiten eine nützliche Orientierungshilfe. Ich gehe zunächst auf das Exposé für eine Diplomarbeit oder Dissertation ein und zeige dann, was es heißt, eine Hausarbeit nach Plan zu schreiben.

Umberto Eco beschreibt sehr anschaulich die Bedeutung eines solchen Plans:

»Stellt euch vor, ihr hättet eine Reise im Auto vor, sie sollte tausend Kilometer lang sein und ihr hättet für sie eine Woche zur Verfügung. Auch wenn ihr Ferien habt, fahrt ihr nicht blindlings in die erstbeste Richtung los. Ihr überlegt euch vorher, was ihr überhaupt machen wollt. Ihr faßt etwa eine Fahrt von Mailand nach Neapel ins Auge (auf der Autostrada del Sole) mit dem einen oder anderen Abstecher, etwa nach Florenz, Siena, Arezzo, einem etwas längeren Aufenthalt in Rom und einer Besichtigung von Montecassino. Wenn ihr dann im Verlauf der Reise merkt, daß Siena mehr Zeit gekostet hat als vorgesehen oder daß zusammen mit Siena auch San Gimignano einen Besuch wert war, laßt ihr vielleicht Montecassino ausfallen. Ja es könnte euch, einmal in Arezzo, sogar einfallen, Richtung Osten zu fahren und Urbino, Perugia, Assisi, Gubbio anzuschauen. Das heißt, ihr habt – aus sehr vernünftigen Gründen – auf halber Strecke eure Reiseroute geändert. Aber es war *diese* Route, die ihr geändert habt, nicht *irgendeine*.« (S. 140 f. – Herv. im Text)

Ich bleibe im Bild: Eine Fernreise, zum Beispiel nach Australien, kann auch ohne feste Reiseroute sehr schön werden. Haben Sie aber nur sechs Wochen Zeit, kommen Sie ohne Planung vielleicht nicht zum Ayers Rock oder ans Great Barrier Reef. Die Abschlußarbeit oder Dissertation kann mit einer Fernreise verglichen werden. Für diese Arbeiten ist aus zwei Gründen ein Plan (Exposé bzw. Disposition) Pflicht.

1. Für eine Abschlußarbeit oder Dissertation müssen Sie eine Betreuerin oder einen Betreuer gewinnen. Und gewinnen heißt vor allem: vom Sinn und der Machbarkeit der Arbeit überzeugen. Ein Exposé ist eine gute Grundlage, um sich über die geplante Arbeit zu verständigen.
2. Wer sich auf eine Forschungsreise begibt, die zwischen sechs Monaten und mehreren Jahren dauern kann, sollte wissen, was sie oder er tut bzw. besser läßt. Ein Exposé läßt Schwächen, Lücken oder Widersprüche erkennen – hilft also, Irrwege zu vermeiden.

Das Exposé einer Abschlußarbeit oder Dissertation ist eine Kurzbeschreibung der geplanten Arbeit. Sie gibt Auskunft über:
- das Problem: Welches theoretische, praktische, soziale, juristische usw. Problem ist Ausgangspunkt der Arbeit?

- den Forschungsstand: Welche Erkenntnisse liegen vor? Was ist bislang noch nicht behandelt, geklärt oder widersprüchlich? Welchen Bezug zur vorliegenden Forschung hat die eigene Arbeit?
- die Fragestellung: Auf welche Frage soll in der Arbeit eine Antwort gegeben werden?
- die Hypothese bzw. das Ziel: Was soll erreicht, bewiesen oder widerlegt werden?
- den Theoriebezug: Auf welche Erklärungsansätze bzw. Theorien wird Bezug genommen?
- die Methode: Wie soll das Problem gelöst, die Frage beantwortet, wie sollen die Quellen ausgewertet werden?
- das Material: Welche Quellen (Daten) liegen vor, welche müssen ermittelt werden? Welche Quellen sollen herangezogen werden?
- die vorläufige Gliederung: Welche Aspekte sollen in welcher Reihenfolge behandelt werden?
- den Zeitplan: Wieviel Zeit wird für die wichtigsten Arbeitsschritte benötigt? Bis wann soll die Arbeit abgeschlossen werden?

Bei Forschungs- oder Stipendienanträgen kommt ein Überblick über die benötigten Mittel (Sach-, Reise- und Personalkosten) hinzu.

Ein solches Exposé hat einen Umfang von fünf bis zwanzig und manchmal mehr Seiten. Ich empfehle Ihnen, bereits im ersten Semester für jede Arbeit ein Exposé zu schreiben, den roten Faden zu skizzieren, der Ihre Arbeit zusammenhalten soll. Das ist ein gutes Training und deshalb keine Zusatzarbeit, weil Ihnen ein Exposé unnötige Arbeit ersparen kann. Im Grundstudium brauchen Sie für ein Exposé höchstens zwei Seiten: Sie formulieren einen Arbeitstitel, der ihre Fragestellung zum Ausdruck bringt, machen eine vorläufige Gliederung und schreiben eine vorläufige Einleitung, die die Gliederung kommentiert und in wenigen Sätzen Auskunft gibt über:
- das Problem, mit dem Sie sich auseinandersetzen wollen,
- die Frage, der Sie nachgehen,
- das Ziel der Arbeit,
- wie Sie vorgehen und – wenn erforderlich – auf welche Quellen Sie sich stützen.

Vor der ersten Fassung eine Kurzbeschreibung der Arbeit zu verfassen, das Schreiben mit einer Einleitung zu beginnen, die gewöhnlich zum Schluß zu Papier gebracht wird – heißt das nicht, das Pferd vom Schwanz aufzäumen? Ich antworte mit Umberto Eco: »Solange ihr nicht in der Lage seid, die Gliederung und die Einleitung zu schreiben, solange könnt ihr nicht sicher sein, an eurer Arbeit zu sitzen.« (S. 144)

Die Gliederung der Arbeit wird sich im Verlauf der Arbeit verändern und die endgültige Einleitung sich von der ersten unterscheiden. Ausschlaggebend ist: Sie verändern *Ihre* Gliederung und Einleitung und werden nicht von der Literatur gesteuert oder durch Erkenntniszuwachs so sehr irritiert, daß Sie Ihr Material nicht mehr strukturieren können.

Wie könnte ein Exposé für eine Arbeit über das Thema »Parteien und Großspenden« aussehen, das mir als Beispiel diente? Nehmen wir an, Sie hätten als ersten Einstieg ins Thema die neusten Rechenschaftsberichte der Parteien gelesen, die jährlich vom Bundestagspräsidium als Drucksache herausgeben werden.

Der *Arbeitstitel*, der Ihre Fragestellung zum Ausdruck bringt, könnte lauten: »Parteien und Geld. Wird die Politik der Parteien von Spenden beeinflußt? Großspenden und Gesetzgebung in der Legislaturperiode 1994–1998.« Dieser schwerfällige Titel wird auf keinem Deckblatt erscheinen. Es ist ein Arbeitstitel, der Ihrer Orientierung dient.

Die *vorläufige Gliederung* könnte wie folgt aussehen:
1. Die Einnahmequellen von Parteien
1.1 Staatsmittel
1.2 Mitgliedsbeiträge
1.3 Spenden und Großspenden
2. Großspenden und Gesetzgebung 1994–1998
2.1 Beispiel 1: ...
2.2 Beispiel 2: ...
2.3 Beispiel 3: ...
2.4 Bilanz
3. Parteienfinanzierung und Demokratie
3.1 Parteien und Demokratie
3.2 Großspenden und Parteiendemokratie
4. Ausblick

Die erste Gliederung wird in der *vorläufigen Einleitung* kommentiert. Sie dient der Selbstvergewisserung: Was ist mein Ausgangspunkt? Was will ich wissen? Wie will ich vorgehen? Was will ich erreichen? Mein Vorschlag:

Fast alle Parteien im Deutschen Bundestag erhalten von Banken und Industrieunternehmen hohe Spenden, zum Teil sechsstellige Summen. Beeinflussen Spenden dieser Größe die Politik dieser Parteien? Dieser Frage will ich nachgehen. Zu diesem Zweck prüfe ich, ob in der Legislaturperiode 1994–1998 Gesetze beraten und verabschiedet wurden, die die wirtschaftlichen Interessen der drei größten Spender unmittelbar betrafen, und ob die Gesetzgebung zu ihren Gunsten ausfiel. Dieser Weg führt nicht zu einer eindeutigen Antwort. Mit diesem Weg verfolge ich nicht das Ziel, die Beeinflussung von Parteien durch Spenden zu *beweisen*. Ich will vielmehr auf Probleme *hinweisen*. Im letzten Kapitel beziehe ich die ermittelten Zusammenhänge auf die Frage nach der Rolle und Bedeutung von Parteien für die Demokratie.

Ich verdichte die Erläuterungen in diesem Abschnitt zu einer Maxime: Schreiben Sie nicht so, wie Sie Domino spielen. Schreiben Sie so, wie Sie ein Haus bauen würden: nach Plan und durchdacht. Mit einem Exposé haben Sie dafür die Voraussetzungen.

Rohfassung

Es geht nun um die Startvorbereitungen zum Schreiben: Die gesammelten Informationen, das erarbeitete Wissen und die eigenen Überlegungen werden den einzelnen Gliederungspunkten zugeordnet, Bezüge, Zusammenhänge und Argumentationsabfolgen überdacht. Das Mind Map aus der Anfangsphase (vgl. S. 60) ist eine nützliche Grundlage um zu überprüfen, ob
- wichtige Gesichtspunkte übersehen wurden,
- Abweichungen von den ursprünglichen Überlegungen sinnvoll und begründet oder einfach »passiert« sind,
- noch Lücken durch gezieltes Lesen geschlossen werden müssen.

Sind diese Vorbereitungen abgeschlossen, wird der erste Entwurf zu

Papier gebracht: die Rohfassung. Der erste Entwurf ist nicht der letzte, und den Ausdruck *Rohfassung* sollten Sie wörtlich nehmen. Die Endfassung geben Sie ab. Den ersten Entwurf schreiben Sie für sich. Mit der Rohfassung vergewissern Sie sich schreibend,
- was Sie sagen wollen,
- daß Sie einen roten Faden haben und
- daß Sie die Grundzüge Ihrer Überlegungen, die wesentlichen Argumente zusammenhängend darstellen können.

Halten Sie sich deshalb nicht mit Formulierungen auf; formulieren Sie »roh.« Sie schreiben die erste Fassung. Schreiben Sie in *Ihren* Worten, versuchen Sie nicht, einen Stil zu kopieren. Das bringt Sie nicht voran, sondern in – unnötige – Schwierigkeiten. Stellen Sie sich vor, Studentinnen und Studenten, die mit der Materie nicht vertraut sind, sollen Ihren Text lesen. Dann haben Sie einen Anhaltspunkt für das »richtige Niveau« (vgl. S. 116).

Beim Schreiben der Rohfassung kommt es darauf an, die Balance zu halten zwischen Planung und Spontaneität. Das erfordert einen Mittelweg zwischen zwei Extremen:
1. Bevor ein Satz zu Papier gebracht wird, muß die Arbeit erst im Kopf von Anfang bis Ende durchdacht sein.
2. Die besten Ideen kommen beim Schreiben.

Schreiben ist mehr als die Ausführung des Denkens. Die Übersetzung von Gedanken in einen Text kann zu neuen Erkenntnissen und anderen Gedanken führen. Dafür sollten Sie sich beim Schreiben Raum lassen. Wenn Sie zum Beispiel feststellen, daß es Ihnen nicht gelingt, zwei Überlegungen sprachlich zu verbinden, dann muß das kein Formulierungsproblem sein. Sie können auch schreibend darauf gestoßen sein, daß es an dieser oder jener Stelle »hakt«. Nach einer Formulierung zu suchen, die diese Tatsache verdeckt, wäre deshalb der falsche Weg, um voranzukommen.

Die zweite Haltung endet oft in einer Sackgasse: Eine oder zwei Seiten gehen leicht von der Hand, doch dann führt kein Weg mehr weiter, weil keine Verbindung zur Literatur oder anderen Aspekten des Themas hergestellt werden kann.

Mit beiden Haltungen überfordern Sie sich. Die Balance zwischen

Planung und Spontaneität gelingt dann, wenn Sie beim Schreiben einerseits Ihrer vorläufigen Gliederung folgen und andererseits Raum lassen für Überlegungen, die zunächst nicht ins Konzept passen. Ein Rohmanuskript darf Brüche enthalten. Mit einer Rohfassung schaffen Sie sich eine gute Grundlage zum Weiterdenken. Gut ist diese Grundlage vor allem deshalb, weil mit ihr das Thema überschaubar wird. Das erleichtert die Weiterarbeit. Um diese Erleichterung bringen sich alle, die versuchen, diese Stufe zu überspringen. Sie können und sollen unzufrieden sein mit der Rohfassung – und den Vorzug sehen, daß Sie sich mit *Ihrem* Text auseinandersetzen: Sie sind ein gutes Stück vorangekommen (und wenn Sie die Seiten 113 bis 126 gelesen haben, macht es Ihnen vielleicht auch Freude, Ihre erste Fassung in Form zu bringen).

Vielen Studierenden fällt es schwer, die eigenen Überlegungen mit dem zu verbinden, was sie gelesen haben. Ein Student formulierte diese Schwierigkeit folgendermaßen:

»Was ich sagen könnte, das weiß ich, aber das zu schreiben wäre nicht wissenschaftlich. Was in den wissenschaftlichen Veröffentlichungen steht, könnte ich auch sagen, aber das zu schreiben wäre einfach eine Verdoppelung, denn es ist schon geschrieben.« (Zit. n. Kruse, S. 83)

Sie wiederholen nicht einfach, was bereits veröffentlicht wurde, wenn Sie *eigene* Überlegungen angestellt haben, wenn *Sie* eine Fragestellung und *Ihr* Erkenntnisinteresse und Ziel formuliert haben – wenn Sie also nicht nur Literatur referieren. Und Sie schreiben nicht unwissenschaftlich, wenn Sie *Ihre* Überlegungen auf Erkenntnisse stützen, die andere erarbeitet haben. Es kommt, schreibt Howard S. Becker, auf eine »kluge Nutzung« der Literatur an. Er hat dafür eine treffende Analogie formuliert:

»Stellen Sie sich vor, Sie führen eine Schreinerarbeit aus, zimmern vielleicht einen Tisch. Sie haben ihn im Entwurf gezeichnet und in Teilen auch schon zugesägt. Günstigerweise brauchen Sie nicht alle Teile selbst zu fertigen. Einige weisen Standardgrößen und -formen auf und sind in jedem Holzgeschäft zu haben. Andere sind bereits von anderen Schreinern konzipiert und gefertigt worden – z. B. Schubladenknäufe und gedrechselte Tischbeine. Sie müssen sie nur noch in die von Ihnen dafür vorgesehenen Leerstellen einpassen.« (S. 188)

Sie brauchen fürs Schreinern ebenso Übung wie fürs Schreiben. Niemand erwartet jedoch von einer schriftlichen Arbeit bahnbrechende neue Erkenntnisse. Sie sollen nachweisen, daß Sie ein Thema mit Hilfe der Literatur bearbeiten können. Dieser Nachweis gelingt, und das Dilemma, das der Student formulierte, wird aufgelöst,
- wenn Sie selbst denken und
- wenn Sie Ihr Denken auf das beziehen, »was in den wissenschaftlichen Veröffentlichungen steht«.

Das *Und* ist wichtig und die Alternative zum Entweder-Oder des Studenten: Eigene Gedanken *und* wissenschaftliche Literatur ergeben die richtige Mischung. Wenn Sie eigene Fragen entwickeln und die Literatur nutzen, um Antworten zu geben, wenn Sie wissen, wo Antworten zu finden sind und wie vorhandenes Wissen herangezogen werden kann – dann beweisen Sie: Ich kann wissenschaftlich arbeiten.

Das Thema darstellen und in Form bringen

Mit der Rohfassung haben Sie einen großen Schritt nach vorn gemacht. Aber Sie sind noch nicht am Ziel. Sie haben das Thema erarbeitet. Jetzt müssen Sie es darstellen, in eine angemessene Form bringen. In der letzten Etappe vor dem Ziel geht es darum, das Thema so aufzubereiten, daß es für andere verständlich und nachvollziehbar wird. Viele machen vor dem Ziel schlapp und bringen sich um einen krönenden Abschluß. Was ist notwendig, um erfolgreich ans Ziel zu kommen?

Die vorläufige Fassung

Die Rohfassung ist eine Selbstvergewisserung: So stellt sich Ihnen die Sache dar. Was Sie zu Papier gebracht haben, erschien Ihnen zum Zeitpunkt des Schreibens wichtig und schlüssig. Nun geht es darum, das Produkt mit kritischer Distanz zu prüfen: Ist wirklich alles wichtig und schlüssig? Ist der Text für andere verständlich, die sich nicht intensiv mit dem Thema beschäftigt haben? Auf folgende Aspekte sollten Sie besonders achten:

- Ist ein roter Faden ersichtlich, die Arbeit schlüssig gegliedert und folgerichtig aufgebaut?
- Sind die wichtigsten Begriffe ausreichend erläutert?
- Was kann gestrichen werden? Wenn Sie sich ein Thema erarbeiten, ist vieles von dem, was Sie lesen, für Ihr Verständnis der Sache wichtig – aber nicht unbedingt für Ihre Arbeit relevant. Sie sollen in Ihrer Arbeit *aufbereiten*, was Sie gelesen haben. Sie sollen nicht alles zu Papier bringen, was Sie über Ihr Thema wissen. Streichen Sie deshalb, was nicht zum Verständnis Ihres Gegenstandes beiträgt, was Ihre Argumentationslinie verdeckt statt verdeutlicht. Auch wenn es schwerfällt, sich von Formulierungen zu trennen, um die Sie hart gerungen haben: Die meisten Arbeiten gewinnen, wenn sie gekürzt werden. Weniger ist oft mehr.
- Was muß ergänzt werden? Rohfassungen geraten an einigen Stellen zu lang und an anderen zu kurz. Der eine oder andere Argumentationsschritt wird im Kopf vollzogen, aber nicht zu Papier gebracht. Deshalb ist zu prüfen, ob die Argumentation Schritt für Schritt entwickelt wird, ob sie für die Leserinnen und Leser nachvollziehbar ist oder ob zuviel vorausgesetzt wird.

Ist Überflüssiges gestrichen und Fehlendes ergänzt, sind die zentralen Begriffe erläutert und notwendige Umstellungen vorgenommen, haben Sie den Kern der vorläufigen Fassung. Um daraus eine gelungene Arbeit zu machen, ist sorgfältiges Redigieren notwendig:
- Der Text muß sprachlich überarbeitet werden.
- Die Struktur der einzelnen Kapitel muß vereinheitlicht und um Überleitungen und Teilzusammenfassungen ergänzt werden.
- Einleitung und Schluß müssen den letzten Schliff erhalten.
- Zitate, Quellenangaben usw. müssen überprüft und in eine einheitliche Form gebracht werden.

Diese Feinarbeiten tragen entscheidend zum Gelingen einer Arbeit bei. Deshalb gehe ich auf sie in den nächsten beiden Abschnitten ausführlich ein und springe zur Schlußkorrektur.

Die Endfassung

Wenn die Überarbeitung abgeschlossen ist, sollten Sie auch wirklich zum Schluß kommen. Da jeder Text noch verbessert werden kann, ist die Entscheidung, einen Text als endgültigen Text zu betrachten, immer mit »einer Portion Willkür verbunden« (Kruse, S. 205). Rückt der Abgabetermin für eine Arbeit näher, sollten Sie sich rechtzeitig zu dieser Portion Willkür entschließen: Planen Sie genügend Zeit für eine sorgfältige Schlußkorrektur ein.

Rechtschreib-, Komma- und Grammatikfehler machen keinen guten Eindruck. Eine Häufung solcher Fehler kann dazu führen, daß nicht mehr der Inhalt Ihrer Arbeit, sondern Ihre Deutschkenntnisse bei der Beurteilung in den Vordergrund treten. In Ihrer Arbeit können Sie ungewöhnliche Ideen formulieren und unorthodox argumentieren. Rechtschreibung und Grammatik sind jedoch das falsche Feld für Unkonventionelles.

Lesen Sie deshalb Ihre Endfassung mehrmals durch. Und verlassen Sie sich nicht auf das Rechtschreibprogramm Ihres Textverarbeitungssystems. Diese Programme sind unzureichend. Sie bekommen zwar die Meldung, daß es statt »Reperatur« *Reparatur* heißen muß, doch Sinnentstellungen entdeckt selbst die beste Rechtschreibkontrolle nicht: *Der Wahl* geht ebenso durch wie die *Verhältniswal*, eine *Malzeit* bereitet der Rechtschreibkontrolle von WinWord keine Probleme, und Sie können sich in einem Text die Welt in den schönsten Farben *ausmahlen*.

Und wenn Sie eine Arbeit über Talkshows schreiben, in der von *Haus* Meiser die Rede ist, wird Ihnen nicht gemeldet, daß der Mann Hans heißt (und für Meiser wird Ihnen »ändern in *Mieser*« vorgeschlagen).

Ein PC ist eine nützliche Hilfe für die Erstellung der Endfassung. Aber nur dann, wenn er als Mittel zum Zweck eingesetzt wird. Die schönste Gestaltung kann inhaltliche Schwächen nicht verdecken. Eine klare Gliederung ist wichtiger als der Wechsel zwischen Schriftgrößen, ein Text ohne Rechtschreib- und Kommafehler wichtiger als eine elegante Proportionalschrift und ein Blick in ein Wörterbuch nützlicher als ein professionelles Layout – kurz: Setzen Sie die Prioritäten richtig. Wenn Sie nicht routiniert mit dem PC umgehen können, sollten Sie nicht versuchen, es während des Schreibens einer Arbeit zu lernen.[5]

Und wenn alles getan ist? Halten Sie es mit den Notizen, Exzerpten und Zwischenergebnissen Ihrer Arbeit wie mit einem geschlachteten Schwein: »Man wirft nichts davon weg.« (Eco, S. 265)

Hausarbeit & Co: Textformen

Es gibt viel zu schreiben während eines Studiums: Klausuren, Thesenpapiere, Protokolle, Hausarbeiten, Berichte und die Abschlußarbeit – zum Beispiel. Auf den folgenden Seiten steht die Hausarbeit im Mittelpunkt. Warum gerade diese Textform?

Jede schriftliche Hausarbeit ist eine Mini-Abschlußarbeit. Genauer: Sie kann es werden, wenn Sie die Notwendigkeit (oder Last), eine Hausarbeit zu schreiben, als Chance nutzen, für Ihre Abschlußarbeit zu üben. Im letzten Abschnitt habe ich gezeigt, welche Schritte von der Themenwahl bis zur Endfassung führen. Bei einer Abschlußarbeit müssen Sie mehr und größere Schritte machen als bei einer Hausarbeit. Doch die Schritte gehen in die gleiche Richtung. Eine Abschlußarbeit hat Strukturen, die auch Hausarbeiten kennzeichnen – zum Beispiel die Einleitung und das Literaturverzeichnis. Und in fast allen Einleitungen, mögen sie inhaltlich noch so verschieden sein, können Sie Strukturgemeinsamkeiten entdecken. Wer mit den Strukturen umgehen kann, die in wissenschaftlichen Arbeiten üblich sind, erleichtert sich das Schreiben; denn Schreiben ist auch Handwerk und Routine. Zu den handwerklichen Fähigkeiten beim Schreiben gehört die Verwendung von bewährten Strukturen und Schreibmustern. Das Literaturverzeichnis einer Magisterarbeit ist umfangreicher als das einer Hausarbeit (und eventuell sehr differenziert gegliedert). Doch selbst das umfangreichste und differenzierteste Literaturverzeichnis baut auf einem Grundmuster auf. Und das sollte schon in der ersten Hausarbeit stimmen.

---

5 Uwe Hoppe und Jochen Kuhl erläutern sehr anschaulich, wie ein PC sinnvoll für das Schreiben wissenschaftlicher Texte genutzt werden kann.

Hausarbeiten können für die Diskussion im Seminar in einem *Thesenpapier* aufbereitet werden. Das ist ein Grund, warum ich im nächsten Schritt auf das Thesenpapier eingehe. Der zweite: Sie stehen während Ihres gesamten Studiums vor der Aufgabe, Thesen zu formulieren – mündlich in Diskussionen und schriftlich im Rahmen von Hausarbeiten. Und schließlich kann Ihr erstes Thesenpapier eine Übung sein für das Thesenpapier, das Sie vielleicht in einigen Jahren auf einem wissenschaftlichen Kongreß vorlegen. Nichts ist unmöglich.

Die Hausarbeit

Eine Hausarbeit, die während eines Semesters im Rahmen eines Seminars geschrieben wird, besteht aus den gleichen Elementen wie eine Abschlußarbeit: Titelblatt, Inhaltsverzeichnis, Text, Literaturverzeichnis und – wenn erforderlich – Anhang (bei Abschlußarbeiten kommt die Erklärung hinzu, daß die Arbeit eigenständig verfaßt wurde).

Titelblatt

Am Anfang einer Hausarbeit steht ein Titelblatt, das, je nach Gepflogenheit des Faches, bis zu sieben Angaben enthält:
- Name des Verfassers, der Verfasserin (und Semesterzahl),
- Titel der Arbeit,
- Titel der Lehrveranstaltung (und des Dozenten, der Dozentin), Datum (und Fachbereich).

Inhaltlich entscheidend ist der Titel der Arbeit.[6] Der Titel darf keine falschen Erwartungen wecken. Vom Titel sollte eindeutig auf den Inhalt geschlossen werden können. Ein Bewertungskriterium ist die

---

6 Auf die Regeln der *formalen* Gestaltung von wissenschaftlichen Texten gehe ich nur am Rande ein. Über Konventionen der Gestaltung von Texten, die von Fach zu Fach verschieden sind, informieren u.a.: Georg Bangen; Georg Rückriem, Joachim Stary, Norbert Franck; Karl-Dieter Büntig, Axel Bitterlich, Ulrike Pospiech: Schreiben im Studium. Berlin 1996.

Frage, ob die Ausführungen halten, was der Titel verspricht. Deshalb haben viele Abschlußarbeiten und wissenschaftliche Veröffentlichungen oft sehr lange (und geschraubte) Untertitel.

»Geld und Politik« wäre ein sehr griffiger – aber nicht ratsamer – Titel für eine Arbeit, in der an Beispielen der Einfluß von Großspenden auf die Gesetzgebung untersucht wird (vgl. S. 79). Zutreffend, wenn auch weniger eingängig, ist folgender Titel: »Der Einfluß von Großspenden auf die Politik von Parteien. Drei Beispiele aus der Legislaturperiode 1994–1998«. Titel müssen nicht griffig sein, sondern aussagekräftig. Sie müssen exakt Auskunft geben, was vom Text zu erwarten ist.

Inhaltsverzeichnis – Gliederung

Das Inhaltsverzeichnis soll die Struktur der Darstellung wiedergeben und damit den Leserinnen und Lesern die Orientierung erleichtern (und das Nachschlagen vereinfachen).

Sie können eine Hausarbeit *chronologisch* gliedern, nach *zentralen Merkmalen* (zum Beispiel: Geschichte, Ziele, Aufbau und Organisation) oder nach *Funktionsbereichen* (Einkauf, Produktion, Vertrieb). Für empirische Arbeiten gibt es Standardgliederungen (vgl. Abbildung 2, S. 50). Entscheidend ist: Eine Gliederung muß verständlich und aussagekräftig sein. Voraussetzung dafür ist Schlüssigkeit: Die Gliederungsziffern müssen die Beziehungen, die Über- und Unterordnungen zwischen den einzelnen Themenaspekten angemessen zum Ausdruck bringen. Sind zum Beispiel *Funktionsbereiche* Ihr Gliederungsprinzip, müssen Einkauf, Produktion, Vertrieb in der Gliederung auf der gleichen Ebene zu finden sein. Gliedern Sie eine Arbeit über das Bildungssystem nach den Kriterien *Struktur* und *Funktion*, muß jeder Bildungsbereich, der behandelt wird, nach diesen Kriterien gegliedert werden: das Kapitel über die Vorschule ebenso wie das über die Schule und die Hochschule.

Auf den Seiten 90 und 91 finden Sie zwei Varianten für ein Inhaltsverzeichnis einer (fiktiven) Arbeit über die beiden großen »Volksparteien«. Dem Beispiel ist zu entnehmen, daß Sie entweder nur Ziffern verwenden oder Ziffern und Buchstaben kombinieren können. Und Sie können römische und arabische Zahlen, große, kleine und griechische Buchstaben einsetzen (oder Paragraphen – wenn dies der Konvention Ihres Faches entspricht). Sie haben freie Wahl und eine Vorgabe: Ein schlüssiges Inhaltsverzeichnis sollte auch übersichtlich sein. Was ist zu beachten?

1. Halten Sie das Gliederungsprinzip, für das Sie sich entschieden haben, konsequent durch.
2. Die Gliederung sollte ausgewogen sein, das heißt relativ gleichmäßig unterteilt.
3. Nur ein Unterpunkt zu einem Kapitel oder Abschnitt macht keinen Sinn. Jeder Gliederungspunkt sollte mindestens zwei Unterpunkte haben. »Wer A sagt, muß auch B sagen.« Für Gliederungen gilt diese ansonsten fragwürdige Maxime.
4. Versuchen Sie, mit höchstens sechs Unterpunkten pro Gliederungspunkt auszukommen, damit die Gliederung übersichtlich bleibt.

Im Text müssen Sie jeden Gliederungspunkt des Inhaltsverzeichnisses wiederholen. Sie können zudem durch Zwischenüberschriften, Absätze, Spiegelstriche usw. optisch gliedern.

Einem umfangreichen Inhaltsverzeichnis können Sie eine *Inhaltsübersicht* voranstellen, in der nur die Kapitel ohne Unterpunkte aufgeführt sind. Enthält eine Arbeit viele Tabellen bzw. Abbildungen oder Abkürzungen, ist ein *Verzeichnis der Tabellen* und/oder *Abbildungen* Kür, ein *Abkürzungsverzeichnis* Pflicht. Solche Verzeichnisse stehen nach dem Inhaltsverzeichnis.

Einleitung

Eine Einleitung soll zum Lesen einladen. Viele Einleitungen schrekken ab. Zum Beispiel folgende aus der Feder einer Kollegin:

»Trotz intensiver Forschungsarbeit zum Thema ›Polentum in Berlin/Preußen unter besonderer Berücksichtigung der Schul- und Bildungssituation‹ erwies sich das vorliegende Material für die einzelnen Fragestellungen unterschiedlich gehaltvoll. Während für den großen polnischen Schulstreik von 1906/07 die Quellenlage als relativ gut bezeichnet werden kann, bereitet

1. **Einleitung**
1.1 Parteien in der Bundesrepublik
1.2. Volksparteien
2. **CDU**
2.1 Geschichte
2.1.1 Vorläuferinnen der CDU
2.1.2 Gründung der CDU
2.1.3 Entwicklung der CDU
2.2 Ziele
2.2.1 Wirtschaftspolitik
2.2.2 Sozialpolitik
2.2.3 Innenpolitik
2.2.4 Außenpolitik
2.3 Aufbau und Organisation
2.3.1 Aufbau der Partei
2.3.2 Entscheidungsstrukturen
3. **SPD**
3.1 Geschichte
3.1.1 Vorläuferinnen der SPD
3.1.2 Die SPD vor und nach 1945
3.1.3 Entwicklung der SPD nach 1945
3.2 Ziele
3.2.1 Wirtschaftspolitik
3.2.2 Sozialpolitik
3.2.3 Innenpolitik
3.2.4 Außenpolitik
3.3 Aufbau und Organisation
3.3.1 Aufbau der Partei
3.3.2 Entscheidungsstrukturen
4. **Probleme und Perspektiven der Volksparteien**
4.1 Parteienverdrossenheit
4.2 Gesellschaftliche Individualisierung und politische Bindungen
Literaturverzeichnis

die Aufarbeitung der Schulsituation der polnischen Kinder/Jugendlichen in Berlin vom Ende des 19. Jahrhunderts bis einschließlich 1945 zum Teil erhebliche Schwierigkeiten. Dieser Sachverhalt erklärt sich daraus, daß die härtesten und erbittertsten schul- und bildungspolitischen Kämpfe der polnischen Minderheit zweifellos zunächst in den Teilungsgebieten und nach 1918 in den Grenzgebieten ausgefochten wurden; mit Abstand erfolgten sodann die Auseinandersetzungen im Ruhrgebiet. In der Großstadt Berlin tra-

> **A Einleitung**
> 1. Parteien in der Bundesrepublik
> 2. Volksparteien
>
> **B CDU**
> 1. Geschichte
> 1.1 Vorläuferinnen der CDU
> 1.2 Gründung der CDU
> 1.3 Entwicklung der CDU
> 2. Ziele
> usw.
>
> **C SPD**
> 1. Geschichte
> 1.1 Vorläuferinnen der SPD
> usw.
>
> **D Probleme und Perspektiven der Volksparteien**
> 1. Parteienverdrossenheit
> 2. Gesellschaftliche Individualisierung und politische Bindungen
> Literaturverzeichnis

ten demgegenüber die Assimilierungstendenzen deutlich schneller ein, mit der Folge, daß die schulpolitischen Konflikte mit sehr viel geringerem Engagement wahrgenommen/ausgefochten wurden.

Da im Forschungsauftrag einerseits die Region Berlin/Preußen angegeben wurde, zum anderen die bildungspolitischen Forderungen und Probleme der polnischen Minderheit in Berlin eng mit den Entwicklungen im preußischen Teilungsgebiet verknüpft sind, wurde dieser Komplex in die folgende Darstellung einbezogen.

Für die Beschulung polnischer Kinder/Jugendlicher in allgemeinbildenden Schulen konnte bisher kein beziehungsweise nur sehr andeutungsweise Material ausfindig gemacht werden. Ein partieller Zugang wäre unter Umständen durch ein indirektes Vorgehen denkbar, so etwa über eine Analyse der gültigen Lehrpläne besonders in den Fächern Deutsch, Geschichte, Geographie und Gesangsunterricht. Die Diskriminierung/Ausgrenzung von Schülern polnischer Nationalität könnte hier inhaltlich demonstriert werden.«[7]

---

[7] Tatjana Chahoud: Zur Bildungs- und Schulsituation der polnischen Minderheit in Berlin/Preußen. In: Mitteilungen und Materialien der Arbeitsgruppe Pädagogisches Museum. H. 25, 1987, S. 143.

Diese Einleitung schreckt aus zwei Gründen ab:
1. Sie ist, milde ausgedrückt, sehr schlecht formuliert (ich komme auf S. 114 darauf zurück).
2. Die Leserinnen und Leser können keinen Anhaltspunkt entdecken, worum es geht, was sie erwartet und warum es sich lohnen könnte, den Text zu lesen.

Eine Einleitung, die nicht einleitet, erfüllt ihre Funktion nicht. Ich verdeutliche zunächst als Frage-Antwort-Spiel, was eine Einleitung leisten soll:
F: Warum sollte ich diese Arbeit lesen?
A: Weil in ihr ein interessantes (wichtiges) Thema (Problem) behandelt wird.
F: Was habe ich davon, wenn ich die Arbeit lese?
A: Sie bekommen Antworten auf folgende Fragen: ...
F: Warum wird denn nicht das gesamte Problem behandelt?
A: Weniger ist aus folgenden Gründen mehr: ...
F: Muß ich alles lesen?
A: Unbedingt. Die Argumente bauen aufeinander auf.
F: Und warum soll ich mich mit Theorien beschäftigen, wenn ich etwas über das Problem XY erfahren möchte?
A: Sie sollten wissen, warum ich wie vorgehe, um sich ein fundiertes Urteil bilden zu können. Und keine Angst: Meine Ausführungen zur Theorie folgen der Maxime: So viel wie nötig und so kurz wie möglich.

Eine Einleitung hat die Funktion,
- das Problem darzustellen, das behandelt werden soll: Worum geht es? Was macht die Sache relevant, interessant, frag-würdig?
- den Gegenstand zu präzisieren, ihn ein- bzw. abzugrenzen: Worum geht es genau? Warum werden gerade diese Gesichtspunkte behandelt? Auf welche Aspekte wird nicht (näher) eingegangen?
- den Ertrag zu skizzieren: Welches Ziel wird mit welchem Ergebnis verfolgt?
- die Voraussetzungen zu erläutern, unter denen das Thema behandelt wird: Welcher methodische Zugang wurde gewählt? Welche Literatur, welche Daten usw. wurden herangezogen?

- den Aufbau der Arbeit zu begründen: In welcher Reihenfolge wird vorgegangen?

Ob alle und wie ausführlich diese Punkte in einer Einleitung angesprochen werden müssen, hängt vom Gegenstand und Umfang der Arbeit ab. Es mag bei einer Abschlußarbeit notwendig sein, Methodenfragen ein eigenes Kapitel zu widmen. In einer Hausarbeit von zehn Seiten ist es in der Regel nicht notwendig, Aufbau und Abfolge der Arbeit zu begründen. Doch zwei oder drei Sätze schaden nicht und sind eine gute Übung.

In der zitierten Einleitung erfahren wir vor allem, daß die Autorin Schwierigkeiten mit der Quellenlage hatte. Gerd Junne urteilt sehr streng über solche Hinweise:

»Die einleitende Behauptung, daß kein Material zu dem behandelten Thema verfügbar gewesen sei, ist in der Regel falsch; man hat es nur nicht gefunden. Schriftliche Entschuldigungsfloskeln über Zeitknappheit oder dergleichen kann man sich gleichfalls sparen.« (S. 40)

Junne übertreibt. Zwar sollten Sie – vor allem bei Abschlußarbeiten – unbedingt den Hinweis von Umberto Eco beachten: »Die Quellen, die herangezogen werden müssen, sollen für den Kandidaten auffindbar sein« (S. 15) – und unter Umständen die Finger von einem Thema lassen. Doch nichts spricht dagegen, aufgrund von zeitlichen, praktischen oder finanziellen Hürden ein Thema
1. plausibel einzugrenzen und
2. zu benennen, welche Konsequenzen die Beschränkungen für die Reichweite und Verallgemeinerbarkeit der Arbeit haben (vgl. mein Beispiel auf der Seite 80).

Beides ist in der zitierten Einleitung gründlich mißlungen.

Der letzte Satz in meiner Frage-Antwort-Runde lautete: »Meine Ausführungen zur Theorie folgen der Maxime: So viel wie nötig und so kurz wie möglich.« Für Ihre Hausarbeiten im ersten und zweiten Semester brauchen Sie sich nicht – es sei denn, es wird ausdrücklich verlangt – um wissenschaftstheoretische Begründungen zu kümmern. Im Laufe Ihres Studiums sollten Sie lernen, Theorien für die Bearbeitung von Fragestellungen heranzuziehen. Doch prüfen Sie – besonders beim Schreiben der Abschlußarbeit – sorgfältig, ob es wirklich notwendig ist, in der Einleitung wissenschaftstheoretische »Bekenntnisse« abzugeben:

»Manch einer fühlt sich bemüßigt, ehe er richtig loslegt, auch noch seinen wissenschaftstheoretischen Standort zu fixieren. Er wird sich zum Kritischen Rationalismus, zum Konstruktivismus, zum Wissenschaftlichen Realismus oder zu was auch immer bekennen und sich daran messen lassen müssen. (...) Wer sich in der Wissenschaftstheorie nicht wirklich zu Hause fühlt, sollte besser die Finger davon lassen. Das Ganze könnte aufgesetzt wirken, ganz abgesehen davon, daß man dadurch Fußangeln auslegt, in die man selbst hineintreten könnte.« (Dichtl, S. 5)

Eine Einleitung soll zum Hauptteil hinführen, ihn aber nicht vorwegnehmen. Und sie ist kein Vorwort (das vor dem Inhaltsverzeichnis steht). Im *Vorwort* werden Hinweise und Erläuterungen gegeben, die nicht unmittelbar zum eigentlichen Thema gehören: Aussagen über die Bedingungen, unter denen die Arbeit entstand, der Dank an Personen oder Institutionen, die Ihre Arbeit unterstützt haben. Eine Hausarbeit ist nicht der Ort, um Ihren Eltern für den monatlichen Scheck oder Ihrem Freund zu danken, daß er die Arbeit für Sie getippt hat. Ein Vorwort wird nur umfangreichen Arbeiten vorangestellt. Und mit einer *Widmung* sollten Sie bis zu Ihrer ersten Buchveröffentlichung warten.

Hauptteil

Während Ihres Studiums schreiben Sie Arbeiten, in denen Sie zum Beispiel Texte interpretieren, Literatur referieren, Konzepte analysieren, Theorien vergleichen oder empirische Untersuchungen bewerten. Der Gegenstand, die Fragestellung und das Ziel dieser Arbeiten können sehr unterschiedlich sein. Doch bei aller Vielfalt lassen sich drei wiederkehrende Anforderungen ausmachen, die ich um zwei Empfehlungen ergänze:
1. Begriffe klären,
2. jedem Kapitel eine Struktur geben,
3. belegen, zitieren – und sich nicht verlieren.
4. Eine Meinung haben und an der richtigen Stelle bescheiden sein,
5. Wichtiges in den Text, Unwichtiges in den Papierkorb.

Begriffe klären

Jede Fachwissenschaft hat ihre Fachbegriffe. In den Naturwissenschaften sind Begriffe und Fachausdrücke (termini technici) in der Regel eindeutig. In den Sozialwissenschaften sind verbindliche Definitionen von zentralen Fachbegriffen die Ausnahme. Das mag irritieren. Doch *Freiheit, Sozialisation, Demokratie* oder *Lernen* lassen sich nun einmal nicht nach dem Muster $E = mc^2$ auf eine Formel bringen oder wie ein Quadrat eindeutig definieren. Deshalb müssen die für eine Arbeit zentralen Begriffe geklärt werden. Deshalb können Sie nicht umstandslos über *Freiheit, Sozialisation, Demokratie* oder *Lernen* schreiben.

Sie können Begriffe aus der Literatur übernehmen. Sie können diese Begriffe erweitern oder eingrenzen. Sie können, wenn das Ziel Ihrer Arbeit die Neufassung eines Begriffs ist, mit Hilfsbegriffen beginnen und Schritt für Schritt den Begriff neu bestimmen. Sie sollten nicht dem Laster der Begriffshuberei frönen und über Seiten Begriffe definieren. Begriffsklärungen sollten so kurz wie möglich und so ausführlich wie nötig sein (wobei der Nachweis, daß Sie viele Begriffe kennen, nicht notwendig ist). Sie sollten den Leserinnen und Lesern allerdings auch keine Rätsel aufgeben: Was versteht der Verfasser denn unter *Sozialisation*? Was schließt der Begriff *Freiheit* ein?

Jedem Kapitel eine Struktur geben

Sie machen sich und den Leserinnen und Lesern eine Freude, wenn Sie den einzelnen Kapiteln des Hauptteils Ihrer Arbeit eine Struktur geben. Es gibt bewährte Strukturen, die *Ihnen* helfen, Ihre Gedanken zu ordnen, Verbindungen und Zusammenhänge deutlich zu machen:

- Kapitel-Anfang
    - Was wurde bisher behandelt, gezeigt oder erreicht?
    - Worum geht es nun?
    - Welchen Bezug zur Fragestellung hat das Kapitel?
    - Welche Bedeutung hat das Kapitel für die gesamte Arbeit?
    - Welche Methode der Darstellung wird gewählt?
    - Wie ist das Kapitel aufgebaut?

- Kapitel-Ende
  - Was wurde mit welchem Ergebnis gezeigt? (Zusammenfassung)
  - Wie geht es weiter?

Diese Strukturelemente sind kein Zwangskorsett. Wenn Sie am Ende eines Kapitels skizzieren, wie es im nächsten Kapitel weitergeht, brauchen Sie im dann folgenden nicht mehr den Bezug zum vorhergehenden Kapitel herzustellen. Es ist auch keineswegs zwingend, eine Vorschau über den Aufbau des Kapitels zu geben. Und bei einer Hausarbeit von zwölf Seiten genügt eine Zusammenfassung am Schluß der Arbeit. Auf den Übungseffekt kommt es in erster Linie an und darauf, Klarheit in einen Text zu bringen.

Wenn Sie sicher und routiniert im Umgang mit diesen Strukturen sind, sollten Sie freundlich zu Ihren Leserinnen und Lesern sein: Sie haben die Struktur Ihrer Arbeit im Kopf, die Leserinnen und Leser nicht. Sie haben viel Zeit in Ihre Arbeit investiert. Die Leserinnen und Leser wollen sich in entschieden kürzerer Zeit einen Eindruck von Ihrer Arbeit verschaffen. Eine Kapitelvorschau und eine Zusammenfassung »helfen den LeserInnen
(a) bei der Kontrolle ihres Leseverständnisses,
(b) beim Überbrücken von Passagen, die sie nicht interessieren,
(c) bei der Gewichtung der aufgenommenen Informationen und
(d) bei der Entscheidung, ob ein Kapitel ... lesenswert ist oder nicht.«
   (Kruse, S. 201)

In Anlehnung an eine Sparkassenwerbung formuliert: Wenn's um Kapitel geht – Struktur deutlich machen.

Belegen, zitieren – und sich nicht verlieren

»Viel von dem, was man in einer Ausarbeitung von sich gibt, ist nicht Ergebnis eigenen Nachdenkens. Wer ... eine Anleihe bei anderen aufnimmt, muß den Leuten, deren Gedanken ... er sich zu eigen macht, Gerechtigkeit widerfahren lassen. (...) Es sind, kurz gesagt, die Quellen offenzulegen. Sich nicht daran halten, heißt mogeln.« (Dichtl, S. 16 f.)

Ein Zitat. Weil es länger als drei Zeilen ist, habe ich es optisch abgesetzt. Ist ein Zitat noch länger, sollte es eingeführt werden. Zum

Beispiel so: Auslassungen in Zitaten müssen kenntlich gemacht werden. Das ist nur eine von vielen Regeln über korrektes Zitieren. Otto Kruse weist zu Recht darauf hin, daß es mit Regeln allein nicht getan ist:

»Selbst Studierende, die ihre Diplomarbeit schreiben, haben oft noch elementare Probleme mit dem Zitieren. Das hat seinen Grund nicht nur darin, daß diese Fähigkeit unzureichend gelehrt wird, sondern auch darin, daß es keine ganz eindeutigen Regeln gibt. Die Regeln unterscheiden sich von Fach zu Fach und von Diskurs zu Diskurs. *Es ist deshalb wichtig, den Sinn des Zitierens zu verstehen und nicht einfach Regeln zu lernen.*« (S. 84 – Herv. N. F.)

Hervorhebungen müssen gekennzeichnet werden. Ob Sie – wie ich – Initialen verwenden oder »Hervorh. von mir« bzw. »Hervorh. vom Verfasser« oder »Hervorhbg. die Verfasserin« schreiben, ist unwichtig (allerdings muß die einmal gewählte Form innerhalb einer Arbeit beibehalten werden). Wichtig ist der »Sinn des Zitierens«.

Zitate und Verweise haben vor allem die Funktion, Aussagen und Argumente zu *belegen*: Sie zitieren zu diesem Zweck Forschungsergebnisse bzw. verweisen auf anerkannte Autoritäten des Fachs. *Zitieren* heißt: Diese Ergebnisse wörtlich oder sinngemäß (in eigenen Worten) wiedergeben. *Verweisen* meint: Sie verweisen auf Veröffentlichungen, auf die Sie Ihre Überlegungen stützen. Dieser Weg wird dann gewählt, wenn eine ausführliche Begründung im Rahmen der Arbeit nicht geleistet werden kann bzw. für das Ziel der Arbeit nicht erforderlich ist.

Wenn Sie das Werk einer Autorin interpretieren oder sich mit einer Theorie auseinandersetzen, dienen Zitate dem Verständnis und der Nachprüfbarkeit Ihrer Argumentation. Mit Zitaten können Sie zudem einen Sachverhalt anschaulich oder pointiert zum Ausdruck bringen. Verweise können eine Servicefunktion erfüllen. Zum Beispiel gebe ich an der einen oder anderen Stelle Literaturtips zu Themen, auf die ich nicht näher eingehe.

Zitate und Verweise verfehlen ihren Sinn, wenn sie beweisen sollen, daß der Autor oder die Autorin viel gelesen hat – etwa nach folgendem Muster: »Zitate müssen«, schreiben Rückriem, Stary, Franck, »unmittelbar sein« (S. 171, s.a. Bünting, Bitterlich, Pospiech, S. 93), denn – darauf verweist auch Junne (S. 43) – zum einen besteht die

Gefahr, Fehler zu übernehmen, die sich in der Sekundärliteratur eingeschlichen haben, zum anderen drängt sich der Verdacht auf, daß die Mühe gescheut wurde, »ad fontes, zu den eigentlichen Quellen, vorzudringen« (Dichtl, S. 18, s.a. Eco, S. 70).

Zwei Zitate und drei Verweise auf wenigen Zeilen für einen keineswegs originellen Gedanken sind nicht sinnvoll, sondern peinlich: »So fühlt man Absicht (den Versuch, Belesenheit zu demonstrieren – N.F.), und man ist verstimmt.« Entscheiden Sie, ob dieses Goethe-Zitat treffend oder ein Eitelkeitszitat ist, das in erster Linie demonstrieren soll, daß ich »meinen« Goethe kenne.

Zitate sind kein Arbeitsersatz. Vielen Studierenden fällt es schwer, sich von den Texten zu lösen, die sie gelesen haben, einen Sachverhalt in eigenen Worten auszudrücken. Sie reihen Zitat an Zitat und formulieren nur die Verbindungssätze selbst. Das Ergebnis ist ein Zitate-Patchwork – keine eigenständige Arbeit. Für eine Hausarbeit muß Literatur verarbeitet werden. Die Literatur ist Mittel zum Zweck: ein Thema behandeln, ein Problem beleuchten, einer Frage nachgehen usw. Eine Reihung von Zitaten ist oft Ausdruck dafür, daß Sie Ihr Thema noch nicht im Griff haben. Kurz: Sie sollen *Ihre* Arbeit schreiben. Stützen Sie sich dabei auf die Literatur und weisen Sie die Gedanken anderer aus; denn »ehrlich währt am längsten«.

Zitate sollten zweckmäßig sein: Bevor Sie zitieren, sollten Sie prüfen, ob die Textpassage das zum Ausdruck bringt, was Sie ausdrücken wollen. Enthält ein Zitat Aspekte, die nicht in Ihren Zusammenhang passen, lenken sie ab und erschweren es, Ihrer Argumentation zu folgen.

Zitate sollten nicht peinlich sein: »Die Erde ist keine Scheibe.« Das haben Sie nicht herausgefunden. »Das Fernsehen ist ein Massenmedium.« Diese Feststellung geht nicht auf Sie zurück. Beide Aussagen sind Allgemeingut geworden und werden deshalb nicht mehr belegt. Das gilt auch für die Tatsache, daß fast alles *komplex* und das Leben *kompliziert* ist. Nicht zitiert wird, was Teil der Allgemeinbildung, was in Ihrem Fach selbstverständlich und was trivial ist.[8]

---

8 Das Leben besteht »zu achtzig Prozent aus dem Versuch, etwas zustande zu bringen und termingerecht abzuliefern«. Vielleicht ist das auch Ihre Erfahrung. Diese Formulierung ist jedoch noch kein Allgemeingut und deshalb der geistige Urheber auszuweisen: Woody Allen. Ich habe ihn nach Howard S. Becker zitiert (S. 37).

Unseriöse Quellen werden ebenfalls nicht zitiert. Belegen Sie keine Aussagen mit Zitaten aus der Regenbogenpresse, aus Boulevardzeitungen und ähnlichen Medien. Die Ausnahme von der Regel: Sie schreiben über die Regenbogenpresse (zum Beispiel eine Arbeit über »Frauenfeindlichkeit in Frauenmagazinen« oder »Die Personalisierung gesellschaftlicher Verhältnisse in Boulevardzeitungen«). In diesem Fall sind ›Gala‹, ›Tina‹ oder die ›Bildzeitung‹ Primärquellen.

Zitate können Sie, sofern es in Ihrem Fach keine verbindlichen Regeln gibt, wie folgt ausweisen:
• wie in diesem Buch durch einen Kurzbeleg im Text,
• mit einem Kurztitel in Fußnoten bzw. in den Anmerkungen.

Kurzbelege im Text unterbrechen den Lesefluß nicht. Das spricht für dieses Verfahren. Der sogenannte *Harvard-Beleg* ist zudem vor allem dann sinnvoll, wenn Sie in einer Arbeit auf viele Veröffentlichungen oder häufig auf dasselbe Buch hinweisen. Ein erfundenes Beispiel:

Dieser Ansatz wurde in den USA erstmals von Cramer (1952) formuliert und sehr bald von Goodwill (1952), Hopeman (1953) und anderen übernommen. In der Bundesrepublik war es vor allem Rössel (1954, 1955), der auf die Bedeutung dieser »Wende in der Sozialpsychologie« (1954, 7) hinwies. Widerspruch kam vor allem von Strobel (1955) und Kiel (1956), die betonten, daß Cramer mit »technokratischen« Begriffen »ohne intentionalen Gehalt« operiere (Strobel 1955, 12).

In dem Beispiel sind stets die Jahreszahlen angegeben. Das ist sinnvoll, wenn – wie hier – auf einen Blick eine zeitliche Abfolge deutlich gemacht werden soll. Die Angabe der Jahreszahl ist notwendig, wenn in einer Arbeit mehrere Veröffentlichungen eines Autors oder einer Autorin zitiert werden.[9] Hat Meyer mehrere Beiträge in einem Jahr veröffentlicht, wird die Jahreszahl um einen Buchstaben ergänzt (Meyer 1995, 1996, 1996a, 1996b, 1997). Ob Sie vor die Seitenzahl ein »S.« schreiben (Meyer 1992, S. 12) oder nicht (Meyer 1992, 12)

---

9 Ich verzichte in diesem Buch aus drei Gründen auf die Jahreszahl: (1.) Ich zitiere, von Goethe einmal abgesehen, nie mehr als eine Veröffentlichung einer Autorin und eines Autors. (2.) Eine zeitliche Dimension spielt keine Rolle. (3.) Gelegentlich zitiere ich »Klassiker«. Die Jahresangabe 1974 bei Kant oder 1980 bei Nietzsche macht wenig Sinn.

Zitieren und Belegen. 7 Fragen, 7 Antworten

1. *Wie kennzeichne ich Fehler in Zitaten?*
   Mit dem Wörtchen »sic« (so), das in eckigen Klammern direkt hinter das betrefende [sic] Wort geschrieben wirt [sic!]. Das Ausrufezeichen ist Geschmackssache.
2. *Was mache ich, wenn das Zitat ein Zitat enthält?*
   Ein Zitat in einem Zitat wird in einfache Anführungszeichen ›...‹ gesetzt: »Im Beruf erleben viele Hochschulabsolventen einen Praxisschock, der ihr ›Restbewußtsein von Theorie‹ zerstört.« (Jung 1997, S. 11) Zitiert wurde Jung, das Zitat im Zitat wird nicht ausgewiesen.
3. *Wie weise ich Zitate aus zweiter Hand aus?*
   Mit »zit. n.« (zitiert nach)
4. *Wird die Zeichensetzung und Rechtschreibung beibehalten?*
   Ja: »Die Kinder, 12 Knaben und 6 Mädchen, wurden nach einer sehr zweckmäßig eingetheilten Lebens- und Schulordnung erzogen, waren im Allgemeinen gutmüthig, nicht ohne Anlage, und machten, wenn gleich nur langsame, doch sichere Fortschritte.«*
5. *Wie zitiere ich fremdsprachige Literatur?*
   »Ist ein fremdsprachiger Autor *Gegenstand* der Untersuchung, so wird in der Originalsprache zitiert. Diese Regel ist absolut bindend, wenn es sich um ein literarisches Werk handelt.« (Eco, S. 199 – Herv. N.F.)

oder sich für einen Doppelpunkt entscheiden (Meyer 1992: 12), ist Geschmackssache.

Entscheidet man sich für Kurzbelege im Text mit Jahresangaben, wird im Literaturverzeichnis die Jahreszahl konsequenterweise hinter den Namen der Autorin oder des Autors gestellt:

Gudrun Schiek 1992: Eine sozialwissenschaftliche Examensarbeit schreiben. Praxis – Dialoge – Zwänge. Baltmannsweiler.

Kurztitel haben den Vorzug, daß die Leserinnen und Leser eine erste Vorstellung bekommen, um welche Veröffentlichung es sich handelt. Wenn die Kurztitel allerdings nicht in einer Fußnote auf derselben Seite angeführt werden, sondern in einem Anmerkungsapparat am Ende der Arbeit, wird den Leserinnen und Lesern ein mühseliges Hin- und Herblättern zugemutet.

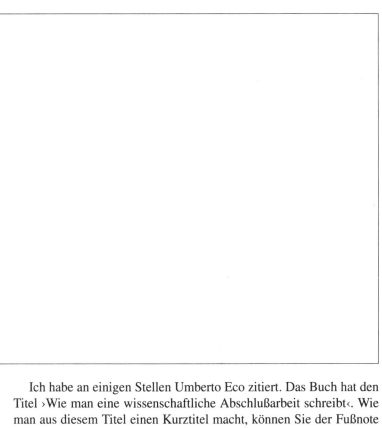

Ich habe an einigen Stellen Umberto Eco zitiert. Das Buch hat den Titel ›Wie man eine wissenschaftliche Abschlußarbeit schreibt‹. Wie man aus diesem Titel einen Kurztitel macht, können Sie der Fußnote entnehmen.[10]

Eine Meinung haben und an der richtigen Stelle bescheiden sein

Wenn Sie eine Hausarbeit schreiben, sollten Sie nicht in die Rolle eines Knechts oder einer Magd schlüpfen und Zitat um Zitat von Herren der Wissenschaft aneinanderreihen. Schreiben Sie Ihre Arbeit. Sofern nicht ausdrücklich pures Referieren verlangt wird, sollten Sie mit Ihrer Fragestellung und Ihrer Gliederung Akzente setzen, die Ihre

---

10 U. Eco: Wissenschaftliche Abschlußarbeit. 1993

Sicht der Dinge zum Ausdruck bringen. Und Sie sollten Ihre Meinung ausdrücklich formulieren. Zum Beispiel
- Ihr Erkenntnisinteresse (in der Einleitung),
- Ihre Schlußfolgerungen (im Schlußteil),
- Ihre Bewertung der Argumente und Schlußfolgerungen eines Autors oder einer Autorin.

Beurteilen und bewerten Sie Aussagen, Ideen, Vorschläge und Konzepte. Weisen Sie darauf hin, wenn ein Autor für seine Thesen keine Belege anführt. Kritisieren Sie, daß eine Autorin die von ihr verwandten Begriffe nicht unmißverständlich definiert. Und seien Sie an der richtigen Stelle bescheiden: Putzen Sie nicht mit leichter Hand eine Theorie weg, bescheinigen Sie nicht großzügig ausgewiesenen Wissenschaftlerinnen und Wissenschaftlern Ihres Fachs, daß sie »zu Recht feststellt« oder er sich »grundlegend irrt«. Überheblichkeit ist keine wissenschaftliche Tugend.

Das eigene Urteil gehört zum wissenschaftlichen Arbeiten wie die Sonne zum Sommer. »Was-habe-ich-gelernt«-Texte hingegen sind an der Hochschule so nützlich wie ein Fahrrad für Fische. Otto Kruse empfiehlt solche Texte, »um wissenschaftlich begründete Kritik zu lernen« (S. 90). Er macht folgenden Vorschlag für eine »Schlußbemerkung« in einer Hausarbeit über »Ärgerentwicklung in der frühen Kindheit«:

»Neu war für mich, daß Ärger bereits so früh in der Entwicklung auftritt und offensichtlich eine starke biologische Wurzel hat. Plausibel scheint mir, daß Ärger eine wichtige Entwicklungsfunktion hat, indem er schon dem kleinen Kind Möglichkeiten an die Hand gibt, sich gegen Eltern und ältere Menschen durchzusetzen. Wenn schon kleine Kinder ein so hohes Niveau an Ärger-Potential haben, dann wird die Frage nach der sozialen Kontrolle oder der kulturellen Einbindung des Ärgers wichtig. Darüber habe ich kaum Informationen in der Literatur gefunden. Bisher war ich der Meinung, daß Ärger etwas ist, das eine sozial eher negative, schädliche Wirkung hat. Die Beschäftigung mit der Literatur hat mich davon überzeugt, daß Ärger auch eine positive Funktion hat. Unklar ist mir allerdings, wie eine Sozialisation auszusehen hat, die verhindern kann, daß Ärger in destruktive Aggressivität übergeht.« (S. 91f.)

Ich rate von solchen Besinnungstexten ab und empfehle einen präzisen Umgang mit der Sprache[11]. In diesem Text erfahren wir, daß der Verfasser oder die Verfasserin nach der Beschäftigung mit dem Thema schlauer ist als vorher. Das ist banal. Und wen interessiert es?

Auf Begründungen wird in dem Text wird verzichtet: Wieso wird beispielsweise »wenn schon kleine Kinder ein so hohes Niveau an Ärger-Potential haben«, die Frage »nach der sozialen Kontrolle oder der kulturellen Einbindung des Ärgers wichtig«? Und:
- Was heißt »soziale Kontrolle«?
- Für wen hat Ärger »eine sozial eher negative, schädliche Wirkung«?
- Welche »positive Funktion« kann Ärger haben?

Kruse gibt ein Beispiel für unverbindliches Meinen, aber nicht für einen Text, in dem begründet eine Auffassung vertreten wird. Die von ihm empfohlene Selbstoffenbarung mag in ein Tagebuch passen, in eine Hausarbeit gehört sie nicht. Als Maxime formuliert: Habe eine eigene Meinung, aber formuliere sie nicht im Stil eines Besinnungsaufsatzes ohne Argumente.

Wichtiges in den Text, Unwichtiges in den Papierkorb

In einer Haus- und in einer Abschlußarbeit sollte zu lesen sein, was für die Erklärung eines Gegenstands wichtig und für das Verständnis eines Sachverhalts notwendig ist. Das reicht. Mehr ist nicht erforderlich und in den meisten Fällen auch nicht sinnvoll. Nebensächlichkeiten gehören nicht in eine Arbeit – auch nicht in Anmerkungen. Gehen Sie sparsam mit diesem Mittel um. Anmerkungen sollten, rät Adolf Harnack, ein »Schatzhaus« sein und keine »Rumpelkammer«. Weiter heißt es in dem fast hundert Jahre alten Text:

- »Schreibe keine Anmerkung, weil du in der Darstellung etwas vergessen hast; schreibe überhaupt die Anmerkungen nicht nachträglich.«

---

11 *Ärger* und *Sozialisation* sind keine Subjekte, sondern Ausdrucksformen und Prozesse. Ärger kann daher einem Kind keine Möglichkeiten an die Hand geben und eine Sozialisation kann nichts verhindern. Ein Potential kann groß oder klein, hoch oder niedrig sein, aber kein »hohes Niveau« haben.

- »Schreibe nichts in die Anmerkung, was den Text in Frage stellt, und auch nichts hinein, was wichtiger ist als der Text.«
- »Betrachte die Anmerkungen nicht als Katakomben, in denen du deine Voruntersuchungen beisetzest, sondern entschließe dich zur Feuerbestattung.« (Zit. n. Bangen, S. 24 f.)

Anmerkungen können ein »Schatzhaus« sein, wenn sie sinnvoll genutzt werden. Fußnoten sind der richtige Ort für
- den Beleg von Zitaten,
- Hinweise auf weiterführende Literatur,
- die Übersetzung einer Textstelle, die in der Originalsprache zitiert wurde,
- Informationen, die zwar nicht direkt zum Thema gehören, aber für die Leserinnen und Leser nützlich sein können.

Wer imponieren möchte, sollte dies durch eine präzise Argumentation tun. Eine Vielzahl von Anmerkungen demonstriert in der Regel nicht »Wissenschaftlichkeit«, sondern die Unfähigkeit, sich auf das Wesentliche zu konzentrieren.

Schluß

Eine Einleitung soll zum Lesen einladen. Der Schluß soll die Arbeit abrunden. Für diesen Zweck gibt es keine verbindliche Form. Sie können eine nüchterne Zusammenfassung schreiben. Sie können auf eine Zusammenfassung verzichten oder sie um eine Bewertung der Ergebnisse oder einen Ausblick ergänzen. Es kann sinnvoll sein,
- die eingangs aufgeworfene(n) Frage(n) zusammenfassend zu beantworten,
- auf ungeklärte Probleme zu verweisen,
- das behandelte Problem thesenartig in einen größeren Zusammenhang einzuordnen,
- persönliche Schlußfolgerungen zu ziehen.

Der Schluß ist nicht der Ort für wilde Spekulationen, sondern der Teil einer Arbeit, dem Sie besondere Aufmerksamkeit schenken sollten. Zwar kann der Schluß Schwächen im Hauptteil nicht ausbügeln. Aber was zuletzt gelesen wird, prägt sich meist nachhaltig ein. Lax formuliert: Bringen Sie das Gute nicht zuletzt, aber zuletzt immer etwas Gutes.

Literaturverzeichnis

Ein Literaturverzeichnis enthält die Literatur, die in einer Arbeit erwähnt wurde. Nicht mehr und nicht weniger. Nicht weniger: Im Literaturverzeichnis werden alle Veröffentlichungen aufgeführt, aus denen wörtlich oder sinngemäß zitiert wurde und auf die verwiesen wurde.

Nicht mehr: Schummeln Sie nicht. Führen Sie nur die Quellen an, die Sie für Ihre Arbeit herangezogen haben. Wer mehr Literatur anführt, um den Eindruck zu erwecken, besonders belesen zu sein, »gaukelt dem Leser ... oder Prüfer etwas vor. Sofern dieser die Sache durchschaut, wird er dem Schreiber nicht sehr gewogen sein.« (Dichtl, S. 17)

Die Anlage eines Literaturverzeichnisses folgt bestimmten Konventionen. Ein Muster ist das Literaturverzeichnis in diesem Buch. Sofern in Ihrem Fach keine anderen Regeln gelten, können Sie sich daran orientieren. Ich habe mich (1.) auf die Angaben beschränkt, die notwendig sind, um einen Titel problemlos zu ermitteln. Und ich bin (2.) nicht der Unsitte gefolgt, Vornamen abzukürzen.

1. Wenn Sie Wert auf eine vollständige Titelangabe legen, können Sie den Verlag aufführen und, wenn eine Veröffentlichung in einer Reihe erscheint, den Titel und die Bandnummer der Reihe. Ein Beispiel:
   Kaufmann, Jean-Claude: Frauenkörper – Männerblicke. Konstanz: Universitätsverlag 1996 (= Edition discours. 8)

2. Wenn *Sie* wissen möchten, wie H. Heckhausen, R. König, M. Foucault, A. Kuhn, L. Wittgenstein, E. Neuland, I. Wallerstein oder B. Rommelspacher mit Vornamen heißen, ob es sich um einen Mann oder eine Frau handelt – dann können Sie davon ausgehen, daß Ihre Kommilitonen und Kommilitoninnen es auch wissen möchten. Mit ein paar Buchstaben mehr geben Sie allen eine nützliche Information.

Da ich in meinem Literaturverzeichnis weder Hochschulschriften noch unveröffentlichte Manuskripte zitiert habe und auch keine Veröffentlichungen, bei denen Angaben fehlen, sind einige Beispiele nachzutragen:
- Diplomarbeiten und Dissertationen oder Habilitationen:
  Fürst, Birgit: Frauen im Journalismus. Eine Befragung von Absolventinnen der Deutschen Journalistenschule. Diplomarbeit, Universität München 1987
  Prim, Rolf: Planspiel und Partizipationstraining. Eine vergleichende Studie zur Didaktik und Methodik außerschulischer Jugendbildungsarbeit. Universität Regensburg, Philos. Fak., Diss. 1975
- Unveröffentlichte Manuskripte:
  Stiegler, Barbara: Zur Zukunft der Hausarbeit. Friedrich-Ebert-Stiftung. Bonn 1993 (unveröfftl. Manuskript)
- Veröffentlichungen ohne Angabe eines Autors oder einer Autorin:
  Senatsverwaltung für Jugend und Familie (Hrsg.): Gewalt gegen Schwule – Gewalt gegen Lesben. Ursachenforschung und Handlungsperspektiven im internationalen Vergleich. Berlin 1992
- Ist der Verlagsort in einer Veröffentlichung nicht angegeben, wird dies durch »o.O.« (= ohne Ort) ausgewiesen. Wenn Sie den Verlagsort kennen, fügen Sie ihn in Klammern hinzu. Schreiben Sie »o.J.«, wenn das Erscheinungsjahr im Impressum fehlt. Ergänzen Sie in Klammern das Erscheinungsjahr, wenn Sie (ungefähr) wissen, wann der Text erstmals veröffentlicht wurde: (1977) oder (um 1977).
- Bei Veröffentlichungen von mehr als drei Personen wird nur die oder der zuerst im Titel genannte Autorin oder Herausgeber angegeben und um den Zusatz »und andere« ergänzt:
  Funke, Axel u.a.: Karrieren außer der Reihe. Bildungswege und Berufserfolg von Stipendiaten der gewerkschaftlichen Studienförderung. Köln 1986

Anhang

Daten, Fakten, Zahlen, Tabellen und andere Materialien, die für das Verständnis eines Textes notwendig sind bzw. Ihre Aussagen belegen, können in einem Anhang untergebracht werden. Diese Möglichkeit sollten Sie dann nutzen, wenn die Daten, Fakten usw. so umfangreich sind, daß sie die Lektüre des Hauptteils erschweren würden. Die Entscheidung für eine solche Auslagerung ist aber nur dann sinnvoll, wenn sie das Lesen auch tatsächlich erleichtert. Müssen die Leserinnen und Leser häufig im Anhang blättern, ist das keine Erleichterung. Fassen Sie deshalb die Daten, Fakten usw., die im Anhang stehen, im laufenden Text so zusammen, daß die Leserinnen und Leser nur gelegentlich im Anhang nachschlagen müssen.

Thesen und Thesenpapier

1845 schrieb Karl Marx seine ›Thesen über Feuerbach‹. Die elfte und bekannteste lautet: »Die Philosophen haben die Welt nur verschieden interpretiert; es kommt aber darauf an, sie zu verändern.« (S. 535)

Eine These ist eine Behauptung, die belegt werden muß. Sätze wie »Paris ist die Hauptstadt Frankreichs« oder »Auf den Mai folgt der Juni« sind keine Thesen. Sie geben Tatsachen wieder, die nicht bewiesen werden müssen.

Eine These ist eine Behauptung, die widerlegt werden kann. Die Aussage »Gott sieht alles« oder »Man hat's nicht leicht im Leben« kann nicht widerlegt werden. Ich kann glauben, daß Gott alles sieht und das Leben schwer ist. Thesen sind jedoch weder Glaubenssätze noch Allgemeinplätze.

Thesenpapiere sind eine nützliche Grundlage für mündliche Prüfungen. Und sie sind eine ideale Ergänzung zu einem Referat bzw. Vortrag: Die Teilnehmerinnen und Teilnehmer eines Seminars können die Kernaussagen eines Referats überblicken, und im Anschluß an ein Referat haben alle eine Grundlage für die Diskussion.

Damit Thesen zur Diskussion anregen, sollten sie kurz und prägnant sein. Die wichtigsten Argumente und Ergebnisse einer Arbeit müssen zu pointierten Behauptungen verdichtet bzw. zugespitzt werden. Erscheinen Thesen den Seminarteilnehmern und -teilnehmerinnen plausibel, kommt keine Diskussion zustande. Sind Thesen so überzogen, daß kein rationaler Kern zu erkennen ist, werden sie als absurd bewertet und nicht diskutiert.

Das Gegenteil von prägnant und pointiert ist folgender Satz, den Otto Kruse als Beispiel für eine These anführt:

»Ärger erhält im Verlauf der individuellen Entwicklung eine Vielzahl von Funktionen in der Handlungssteuerung und der Beziehungsregulation, darunter die Funktion der Energetisierung von Handlungen, der Verteidigung des Selbstwertes und der Durchsetzung eigener Handlungsintentionen.« (S. 101)

Dieser Satz mag eine gelungene Zusammenfassung wissenschaftlicher Forschung sein. Und er ist sicher geeignet für ein Thesenpapier zur mündlichen Abschlußprüfung in Psychologie. In einem Seminar wird diese These bestenfalls Anlaß zu Nachfragen geben (was denn zum Beispiel *Beziehungsregulation* ist). Im schlimmsten Fall hat sie Schweigen zur Folge. Zur Diskussion regt diese Demonstration der Belesenheit auf keinen Fall an.

Ein Thesenpapier sollte zu Beginn eines Referats verteilt werden. Die Reihenfolge der Thesen muß mit dem Aufbau des Referats korrespondieren, damit die Zuhörenden dem Referat problemlos folgen können und nicht der Eindruck entsteht, im Thesenpapier stünde etwas anderes als im Referat zu hören ist.

Sie können in einem Thesenpapier Ihre Meinung wiedergeben oder (mit den notwendigen Belegen) die Auffassung anderer Autorinnen und Autoren. Und Sie können ein Thesenpapier unterschiedlich aufbauen. In einfach strukturierten Thesenpapieren folgt These auf These: These 1 – These 2 – These 3 usw. Ein Beispiel:

1. Tierversuche sind unmoralisch.
2. Tierversuche sind überflüssig.

Anspruchsvoller sind folgende »Baupläne«:
- Jeder These folgt eine kurze Begründung oder ein knapper Kommentar: These 1, Begründung (Kommentar) – These 2, Begründung (Kommentar) usw. Ein Beispiel:

  1. Tierversuche sind unmoralisch.
     Tiere haben als Lebewesen einen Anspruch auf Leben. Sie sind keine »Wegwerfartikel«, die nach Belieben von Menschen in Versuchen gequält werden dürfen.
  2. Tierversuche sind überflüssig.
     Tierversuche sind überflüssig, da sie zum einen in großem Umfang für

nicht-medizinische Zwecke vorgenommen werden. Zum anderen sind die Ergebnisse, die im medizinisch-pharmazeutischen Bereich gewonnen werden, meist nicht auf den Menschen übertragbar.

Begründungen sind, wie aus dem Beispiel deutlich wird, noch keine erschöpfenden Beweise, sondern Hinweise, welche Überlegungen der These zugrunde liegen.

- Jeder These wird zudem noch eine Schlußfolgerung angefügt: These 1, Begründung (Kommentar), Schlußfolgerung – These 2, Begründung (Kommentar), Schlußfolgerung usw. Ein Beispiel für eine Schlußfolgerung:
  Alle Tierversuche sind zu verbieten.
- Jeder These wird eine Antithese gegenübergestellt: These 1, Antithese – These 2, Antithese usw. Ein Beispiel für eine Antithese:
  Tierversuche sind unverzichtbar.
- Auf jede These folgt eine Antithese und eine Synthese: These 1, Antithese, Synthese – These 2, Antithese, Synthese usw. Ein Beispiel für eine Synthese:
  Tierversuche sind auf den medizinisch-pharmazeutischen Bereich zu beschränken und strengen Vorschriften zu unterwerfen, um ein Quälen der Tiere so weit wie möglich einzuschränken.

Diese Baupläne können auch kombiniert werden: These 1, Begründung, Antithese, Begründung, Synthese, Begründung – These 2, Begründung, Antithese, Begründung, Synthese, Begründung usw. Ein Beispiel:

1. Tierversuche zwischen Moral und Pragmatismus
   - Tierversuche sind unmoralisch.
     Tiere haben als Lebewesen einen Anspruch auf Leben. Sie sind keine »Wegwerfartikel«, die nach Belieben von Menschen in Versuchen gequält werden dürfen.
   - Tierversuche sind nicht moralisch zu bewerten.
     Moral ist eine Kategorie, die auf die Bewertung der Beziehungen zwischen Menschen zielt. Die Natur kennt keine Moral, und das Verhältnis zur Natur läßt sich nicht moralisch, sondern nur unter dem Kriterium der Zweckmäßigkeit beurteilen.
   - Tierversuche müssen pragmatisch und moralisch bewertet werden.

Hausarbeit & Co: Textformen

Pragmatismus setzt Moral nicht außer Kraft. Deshalb ist abzuwägen zwischen dem Leben eines Tieres und dem Zweck von Tierversuchen.

2. Wissenschaftliche Urteilsbildung zwischen Moral und Pragmatismus
- Über die Zulässigkeit von Tierversuchen läßt sich wissenschaftlich nicht entscheiden.
  Mit wissenschaftlichen Maßstäben kann entschieden werden über ...

Welcher Aufbau am zweckmäßigsten ist, hängt vom Thema ab. Für jede Variante gilt:
- Die Thesen sollten in einer logischen Folge entwickelt werden, so daß ein innerer Zusammenhang erkennbar wird.
- Eine These sollte sich auf einen überschaubaren Themen- bzw. Problemaspekt beziehen.

Schreiben und umschreiben

Ich beginne mit einem Negativbeispiel:

»Fast alle anderen mir bekannten Untersuchungen zur Analyse des Verstehens komplizierter Zusammenhänge in Texten von größerem Umfang führen zwar zu interessanten Befunden, z. B. zu einer Strategie der Befragung bestimmter Sorten von Sachtexten oder der Erschließung der Struktur bestimmter Erzählungen (story grammar) (vgl. Groeben 1982, 45 f.; Schnotz 1988), sie lassen sich aber nicht auf jeden Leseprozeß übertragen, sondern haben in etwa den niedrigen Grad der Allgemeinheit, den die Vielzahl der didaktischen Vorschläge zur Erschließung einer bestimmten Textsorte bzw. für eine bestimmte Form der Interpretation besitzt.«[12]

Ich weiß nicht, ob Jürgen Grzesik Schwierigkeiten hat, solche Sätze zu formulieren. Ich weiß auch nicht, ob dieser Satz entstand, weil Grzesik zu bequem war, seine Gedanken präzise auszudrücken, oder ob ihm der Sachverhalt nicht klar war. Ich weiß: Die meisten Studierenden haben Schwierigkeiten, diesen Satz zu verstehen. Und ich

---

12 Jürgen Grzesik: Textverstehen lernen und lehren. Zit. n. Joachim Stary, Horst Kretschmer: Umgang mit wissenschaftlicher Literatur. Frankfurt/Main 1994, S. 55.

weiß, daß viele Studierende enorme Probleme haben, wenn sie versuchen, wie Grzesik zu schreiben.

Grzesik ist keine Ausnahme. Viele Wissenschaftlerinnen und Wissenschaftler schreiben nach dem Motto, komplizierte Sachverhalte müssen auch kompliziert formuliert werden (und Details oder Selbstverständlichkeiten in epischer Breite dargestellt werden). Wenn *Sie* sich beim Schreiben an diesen Wissenschaftlerinnen und Wissenschaftlern orientieren, stellen Sie sich eine Schreibhürde in den Weg. Um diese und andere Schreibhürden geht es auf den nächsten Seiten.

»Ich mag die Systemtheorie nicht.« »Irgendwie ist diese These echt gut.« Diese Sätze sind inhaltlich und sprachlich »voll daneben«. Die Alternative zum Stil von Grzesik besteht nicht darin, zu schreiben »wie der Schnabel gewachsen ist«. Die Umgangssprache ist wie viele Schnäbel: krumm und verbogen. Wie sollten in einer Haus- oder Abschlußarbeit Sätze gebaut, wie sollte ein Sachverhalt formuliert werden? Allgemeiner: Was heißt das, sich »wissenschaftlich« ausdrücken? Antworten finden Sie auf den nächsten Seiten.

Vorsicht Schreibhürden

Viele Studierende stolpern beim Schreiben über zwei Hürden: Sie überfordern sich und orientieren sich an falschen Vorbildern. Die erste Hürde steht meist im Doppelpack auf der Schreib-»Laufbahn«.

Hürde 1: Ich muß schreiben können

Hochschulen sind seltsame Institutionen. Am Ort der Wissenschaft reflektieren die, die Wissenschaft repräsentieren, oft nur unzulänglich die Voraussetzungen ihres Handelns. So erwarten Professorinnen und Professoren von Studierenden, daß sie bereits im ersten Semester Hausarbeiten schreiben können, die wissenschaftlichen Standards genügen. Sie setzen Fähigkeiten voraus, die sie erst vermitteln müßten – aber selten tun. Diese Haltung ist für die Lehrenden bequem. Wenn *Sie* diese Haltung übernehmen, stellen Sie sich eine Schreibhürde in den Weg.

Sie haben Englisch, Geschichte und Schwimmen gelernt, vielleicht auch Blockflöte, Französisch und Karate. Für Englisch und Französisch haben Sie einige Jahre gebraucht. Und Ihnen war klar, daß Sie Englisch oder Karate *lernen* müssen und nicht auf Anhieb können. Mit dem Schreiben wissenschaftlicher Texte verhält es sich nicht anders: In der Schule haben Sie es nicht gelernt. In der Hochschule können Sie es lernen. Sie haben dafür acht bis zehn Semester Zeit.

Wenn Sie sich einräumen, daß Sie wissenschaftlich Schreiben *lernen* müssen, werden Sie erfolgreicher lernen. Wenn Sie von sich verlangen, daß Sie wissenschaftlich Schreiben *können* müssen, überfordern Sie sich. Gedanken, Ideen oder Argumente in eine angemessene sprachliche Form zu bringen, muß geübt werden. Diese Fähigkeit ist kein »Abfallprodukt« der Beschäftigung mit Soziologie, Jura, Biologie oder Betriebswirtschaft.

Hürde 2: Der Text muß auf Anhieb stehen

»Mir fällt oft nichts ein, wenn ich ein weißes Blatt Papier oder einen leeren Bildschirm vor mir habe.« Diesen Satz höre ich häufig. Und meist ist das Problem falsch beschrieben: In der Regel gehen *viele* Gedanken durch den Kopf, und es fällt schwer, Ordnung in den Gedanken-Wirrwarr zu bringen. Chaos – nicht Leere – ist in der Regel das Problem beim Schreiben. Wollen Sie Ordnung in dieses Chaos bringen, müssen Sie Ihren Gedanken eine Form geben:

> »Die Gedanken müssen eine konkrete Form erhalten, das heißt, man muß sie zu Papier bringen. Ein niedergeschriebener Gedanke ... ist resistent, formbeständig und kann mit anderen, später entwickelten Gedanken verglichen werden.« (Becker, S. 83)

Wer eine Erstfassung schreibt, entlastet das Arbeitsgedächtnis von dem Wirrwarr an Gedanken, der sich am Schreibtisch häufig einstellt. Der erste Entwurf kann anschließend in aller Ruhe systematisch strukturiert, ergänzt und vertieft werden (vgl. S. 80). Sie müssen nicht auf Anhieb »druckreif« schreiben. Schreiben ist kein »Alles-oder-nichts-Unternehmen«, bei dem nur ein Versuch gestattet ist (Becker,

S. 30 f.). Wer sich einräumt, daß die erste Textfassung nicht endgültig sein kann,
- braucht über die Schwächen der ersten Fassung nicht beunruhigt zu sein;
- ist das »Wie fange ich an«-Problem los.

Schreiben erfordert häufiges Umschreiben, um die angemessene Form und den treffenden Ausdruck zu finden. Auch Wissenschaftlerinnen und Wissenschaftler, die viel veröffentlichen, gelingt nicht auf Anhieb ein druckreifer Text. Da sie das wissen, quälen sie sich nicht mit dem Schreiben, sondern produzieren einen ersten (zweiten, dritten) Entwurf, aus dem ein gelungener Text werden kann. Wenn es Ihnen gelingt, diese Haltung einzunehmen, können Sie sich sehr viel gelassener ans Schreiben machen.

Den Schreibprozeß sollten Sie nicht durch Korrekturen bremsen. Der erste Entwurf eines Kapitels oder Abschnitts ist eine Rohfassung. Jede Rohfassung ist unzulänglich. Wenn Sie bereits nach den ersten vier oder fünf Sätzen anfangen zu korrigieren, blockieren Sie sich: Sie kommen nicht voran, werden unzufrieden oder beißen sich an der Korrektur der Korrekturen fest. Überarbeiten Sie deshalb einen Entwurf erst dann, wenn er abgeschlossen ist.

Ernest Hemingway soll bestimmte Szenen dreißig bis vierzig Mal umgeschrieben haben, bis sie ihm gefielen. Wenn Sie nicht schon während Ihres Studiums den Nobelpreis erhalten wollen, kommen Sie mit dem vorgeschlagenen Dreischritt aus: Rohfassung – vorläufige Fassung – Endfassung.

Hürde 3: Falsche Vorbilder

Eine große Schwierigkeit beim Schreiben-Lernen sind die Bücher und Aufsätze, die Sie während Ihres Studiums lesen. Der zitierte Satz von Jürgen Grzesik ist keine Ausnahme, schlechte Text sind eher die Regel. Der Mangel an Klarheit und Prägnanz in vielen Veröffentlichungen hat wenig zu tun mit der Vielschichtigkeit der behandelten Probleme oder der Komplexität der Gedanken. Schlechte Texte entstehen aus drei Gründen.

1. Viele Wissenschaftlerinnen und Wissenschaftler haben nicht gelernt, präzise, verständlich und anschaulich zu schreiben. Sie beginnen ihre Schreibkarriere mit der Nachahmung des Stils der Autoritäten in ihrem Fach. Und mit der Zeit wird deren schlechter Stil ihr Stil.
2. Manche Autorinnen und Autoren sind zu bequem, einen komplizierten Sachverhalt verständlich darzustellen. Sie können es sich leisten, weil viele Leserinnen und Leser über unverständliche Texte nach dem Grundsatz urteilen, »in dubio pro reo«. Statt den Urheber oder die Urheberin eines unverständlichen Textes »anzuklagen«, suchen sie die »Schuld« bei sich: Ich bin zu dumm, diesen Text zu verstehen.
3. In der Welt der Wissenschaft ist die Zahl der »einschlägigen« Veröffentlichungen das zentrale Erfolgskriterium. Veröffentlichungen, in denen vorläufige Überlegungen zur Diskussion gestellt werden, sind nicht »einschlägig«, mögen diese Überlegungen noch so anregend sein. Veröffentlichungen, die vor der Fachöffentlichkeit bestehen sollen, müssen »wasserdicht« sein. Offene Fragen oder ausstehende Beweise werden deshalb oft »zuformuliert«. Das Ergebnis sind schlechte Texte. »Wir drücken uns deshalb so schwammig aus,« schreibt der Soziologe Howard S. Becker über seine Zunft, »weil wir fürchten, bei größerer Präzision von Kollegen auf offensichtlichen Irrwegen ertappt und ausgelacht zu werden.« So entstehen »verschwommene Phrasen«, in denen die »generelle Bereitschaft« signalisiert wird, einen »Gedanken im Falle der Kritik sofort wieder fallenzulassen« (S. 24 f.).

Die Einleitung, die ich auf der Seite 89 ff. zitiert habe, ist ein gutes (schlechtes) Beispiel dafür, wie mit langen, geschwätzigen Sätzen, mit Phrasen und Sprachnebel versucht wird, Schwächen zu kaschieren und Eindruck zu machen. Dabei kommt die Autorin mit der Logik in Konflikt. Sie schreibt im ersten Satz: »Trotz intensiver Forschungsarbeit ... erwies sich das vorliegende Material für die einzelnen Fragestellungen unterschiedlich gehaltvoll.« *Trotz* ist Quatsch. Egal, ob ich intensiv forsche oder nicht: Die Zahl und die Aussagekraft der Quellen bleibt davon unberührt.

Und so geht es weiter im Text:

- Über die Situation polnischer Kinder in den allgemeinbildenden Schulen »konnte bisher kein beziehungsweise nur sehr andeutungsweise Material ausfindig gemacht werden«. Die Autorin kann sich nicht entscheiden und läßt uns rätseln, wie das geht, *andeutungsweise* Material ausfindig zu machen.
- »Ein partieller Zugang wäre unter Umständen durch ein indirektes Vorgehen denkbar.« *Wäre unter Umständen denkbar* ist schon fast komisch: Ist der Zugang denkbar? Oder ist er nur *unter Umständen* denkbar? Ist der Zugang vielleicht auch *machbar*? Oder hat sich die Autorin diese Mühe – vielleicht irgendwie – nicht gemacht?
- »Die Diskriminierung/Ausgrenzung von Schülern polnischer Nationalität könnte hier inhaltlich demonstriert werden.« Kann sie belegt, nachgewiesen, gezeigt werden oder nicht? Der Konjunktiv läßt uns rätseln und *inhaltlich demonstriert* ist Schaumschlägerei. Wer ein Argument oder eine These belegen kann, wer etwas nachweisen kann, hat etwas geleistet und braucht keine Blähwörter wie *inhaltlich demonstriert* (ich komme darauf auf S. 124 zurück).

Imponiergehabe und Logik vertragen sich schlecht. Und Imponiergehabe verbindet sich oft mit schlechtem Deutsch:

»Durch einen immer tiefer in die ökologischen Kreisläufe eindringenden industriellen Produktionsprozeß, durch eine immer rücksichts- und verantwortungslosere Ausbeutung natürlicher Ressourcen und die Zerstörung intakter ökologischer Regionen infolge militärischer Nutzung, werden in Westdeutschland seit Beginn der achtziger Jahre verstärkt Ansätze entwickelt, die versuchen, pädagogische Antworten auf die ökologische Krise zu finden.«[13]

Das war mir neu: Der *industrielle Produktionsprozeß* und die *Ausbeutung natürlicher Ressourcen* haben *Ansätze entwickelt*, die versuchen, pädagogische Antworten auf die ökologische Krise zu finden. Entwickeln nicht Menschen – vor allem Pädagoginnen und Pädagogen – solche Ansätze? Und seit wann können Ansätze antworten? Ist es nicht so, daß Menschen *in* oder *mit* Ansätzen auf Fragen antworten?

---

13 Armin Bernhard: Ökologische Pädagogik. Die Gegenposition zur Umwelterziehung und ihre politisch-pädagogischen Perspektiven. In: Armin, Bernhard, Lutz Rothermel (Hrsg.): Überleben durch Bildung. Weinheim 1995, S. 25.

Dieser Satz ist Bluff pur, viel heiße Luft und wenig Gehalt. Ein letztes Beispiel:

»Die neue 2. Moderne revidiert die Moderne und formt Strukturen aus der postmodernen beliebigen Vielfalt. Sie bleibt plural, aber mit Struktur und Sinn. Im gleichen Zuge mit den zerbröckelnden Großgebilden bersten auch die verbindlichen Formensprachen. Die Vertikale wird durch die Horizontale in der Architektur abgelöst. Diese Entwicklung entspricht der zunehmenden Dezentralität und Heterarchie. Solare Vernetzungen schmiegen sich in den Kontext. Organische Formen und Gestaltungen passen sich den jeweiligen Erfordernissen an, temporäre Strukturen wandeln sich.«[14]

Ich hoffe, daß die Vernetzungen sanft im Kontext ruhen. Ich habe verstanden, daß Wörter beliebig arrangiert werden können. Zum Beispiel so:

Dezentralität und Heterarchie passen sich den jeweiligen Erfordernissen an. Sie bleiben plural, aber wandeln sich im Kontext. Im gleichen Zuge schmiegen sich die Horizontale und die Vertikale in zerbröckelnde temporäre Strukturen.

Oder so ähnlich. »Wer der Menge tief scheinen möchte, bemüht sich um Dunkelheit.« (Nietzsche, S. 500)

Kompliziert ist nicht »klug« und unverständlich nicht »wissenschaftlich«. Die zitierten Beispiele sind nicht »anspruchsvoll«, sondern mißraten. »Wer's nicht einfach und klar sagen kann, der soll schweigen und weiterarbeiten, bis er's kann.« (Popper, S. 100)

Wenn Sie einen runden Tisch beschreiben wollen, können Sie schreiben: »Der Tisch ist rund.« Sie können – spottet Tucholsky über Fachleute, die Laien imponieren wollen – diesen Sachverhalt auch so formulieren: »Rein möbeltechnisch hat der Tisch ... eine kreisrunde Gestalt.« (Bd. 7, S. 275). Der erste Satz ist präzise. Das ist entscheidend. Und er ist schlicht. Das ist angemessen.

Wer über »komplizierte Zusammenhänge in Texten« schreibt, sollte diese Zusammenhänge präzise und verständlich erläutern. Von einem »Psychiater, der über Geisteskranke schreibt«, erwarten wir auch, daß er sich nicht ausdrückt »wie ein Geisteskranker« (Eco, S. 189). *Analyse* heißt »systematische Untersuchung«. Wenn Jürgen

---

14 Gustav Bergmann: Zukunftsträchtige Unternehmensentwicklung. München 1996, S. 40.

Grzesik über »Untersuchungen zur Analyse des Verstehens« schreibt, dann schreibt er *über Untersuchungen zur systematischen Untersuchung*. Seine Formulierung mag anspruchsvoll klingen, präzise ist sie nicht. Und wenn es in diesen Untersuchungen um Texte »von größerem Umfang« geht, muß Grzesiks nicht notwendig auch »von größerem Umfang sein« – *umfangreiche* oder *längere* Texte reicht.

»Alles, was uns imponieren soll, muß Charakter haben«, meinte Goethe (Bd. 22, S. 501). Sie können mit Hausarbeiten imponieren, die *informativ* sind, in denen Sie *originellen* Fragen nachgehen oder auf einen *interessanten* Zusammenhang hinweisen. Darauf sollten Sie sich konzentrieren.

Um Sie für diesen Gedanken zu gewinnen, habe ich an Beispielen die »akademische Pose« (C. Wright Mills) beleuchtet, in der viele wissenschaftliche Texte geschrieben sind. Mir geht es nicht um »gutes Deutsch« oder um Stilkunde. Ich rate vor allem aus folgenden Gründen davon ab, sich an solchen Texten zu orientieren:
1. Sie machen sich das Schreiben unnötig schwer.
2. Sie bringen sich um die Chance, Schreiben zu lernen.

Sie müssen im Studium viel lernen: Theorien, Fakten, Zusammenhänge, Zahlen, Begriffe usw. Um einen Satz wie den von Jürgen Grzesik zu verstehen, müssen Sie ihn »übersetzen«. (Zum Beispiel so: Die Untersuchungen über das Verstehen umfangreicher Texte, in denen komplizierte Zusammenhänge behandelt werden, lassen sich nicht verallgemeinern.) Was Sie nicht in Ihren Worten wiedergeben können, ist Ihnen noch fremd. Was Sie nicht verständlich formulieren können, haben Sie noch nicht verstanden. Erst wenn Sie in der Lage sind, eine Theorie oder Zusammenhänge in eigenen Worten wiederzugeben, können Sie mit dieser Theorie umgehen und mit der Einsicht in diese Zusammenhänge etwas anfangen. Solange Sie sich nicht in Ihrer Sprache ausdrücken, sondern auf eine »Fremdsprache« zurückgreifen, solange wird Ihnen jeder Satz für eine Hausarbeit Mühe bereiten. Und das Formulieren wird stets von der Unsicherheit begleitet sein, ob der richtige »Ton« getroffen wurde. Kurz: Sie überfordern sich, wenn Sie nach einem »anspruchsvollen« Stil suchen, statt sich zu bemühen, klar und prägnant zu formulieren, was Sie sagen wollen.

In der Rhetorik wird empfohlen, »den Meistern durch Nachahmung die Regeln des Handwerks zu entlocken«, um »es zu eigener Meisterschaft zu bringen« (Ueding, S. 21). Wenn Sie einen Krimi schreiben wollen, ist es sinnvoll, die Erzählperspektiven oder den Aufbau eines Plots bei Patricia Highsmith oder Celia Fremlin zu studieren. Leider finden Sie in den wissenschaftlichen Texten, die Ihr täglich (Lese-)Brot sind, wenig brauchbare Anhaltspunkte, um Schreiben zu lernen. Machen Sie aus dieser Not eine Tugend: Lassen Sie sich von schlechten Vorbildern nicht beeindrucken.

Verständlich schreiben

In einer Haus- oder Abschlußarbeit müssen Sie begründen, belegen und andere wissenschaftliche Standards beachten. Die »akademische Pose«, die häufig zur Posse gerät, ist kein verbindlicher Standard. Es gibt keine verbindlichen Regeln für einen wissenschaftlichen Stil, sondern nur plausible Anhaltspunkte. Mein Vorschlag: angemessen, präzise und verständlich schreiben. Die Begründung: Sie erleichtern sich das Schreiben, und Sie trainieren eine Fähigkeit, die in vielen Berufen von Ihnen verlangt wird. Was *angemessen, präzise und verständlich* heißen kann, erläutere ich für den Satzbau und die Wortwahl.

Sätze

»Der Stil nun, der Gefahr läuft, durch seine langen verwickelten Sätze selbst den gutmütigsten Leser zu verprellen, tatsächlich doch in seinem Aufbau die komplexe Struktur der sozialen Welt wiederzugeben sucht, und dies mittels einer Sprache, die Disparatestes zu einer – in sich zugleich durch seine rigorose Perspektive hierarchisierten – Einheit fügt, verdankt sich dem Willen, die traditionellen Formen des Ausdrucks aus Literatur, Philosophie und Wissenschaft so weit wie möglich auszuschöpfen, um auf diese Weise nicht nur Dinge zu Wort kommen zu lassen, die bislang daraus de facto oder de jure verbannt waren, sondern auch jedes Abgleiten der Lektüre in die Vereinfachung des weltläufigen Essayismus oder der politischen Polemik zu hintertreiben.«[15]

15 Pierre Bourdieu: Die feinen Unterschiede – Kritik der gesellschaftlichen Urteilskraft. Frankfurt/M. 1982, S. 14.

Sie sind nicht Bourdieu, dessen Veröffentlichungen im Soziologiestudium häufig Pflichtlektüre sind. Sie sind auch nicht Thomas Mann, der brillante Sätze von zwanzig und mehr Zeilen formulierte. Sie müssen nicht brillant oder elegant schreiben. Sie sollten prägnant und verständlich schreiben. Jürgen Grzesik und den anderen zitierten Autoren ist dies vor allem deshalb nicht gelungen, weil ihnen der Satzbau mißraten ist. Wenn Sie anderen das Verständnis Ihrer Hausarbeiten nicht erschweren wollen, und wenn Sie sich nicht mit komplizierten Satzkonstruktionen herumschlagen wollen, dann helfen Ihnen drei einfache Regeln weiter:
1. Die Hauptsache steht im Hauptsatz.
2. Nebensätze werden an den Hauptsatz angehängt.
3. Aktiv statt Passiv.

Die Hauptsache steht im Hauptsatz

Was ist im folgenden Satz die Hauptsache? »Die Delegierten der Grünen, die auf ihrem Parteitag den Streit um die Außenpolitik beilegten, essen gerne Müsli.« Ich meine, das Ende eines innerparteilichen Richtungsstreits ist wichtiger als die Vorliebe für Vollwertkost. Deshalb gehört diese Tatsache in den Hauptsatz: »Die Delegierten der Grünen beendeten auf ihrem Parteitag den Streit um die Außenpolitik.« Wenn aus irgendeinem Grunde das Ernährungsverhalten der Parteitagsdelegierten die Hauptsache ist, gibt es keinen Grund, in einem eingeschobenen Nebensatz die politischen Differenzen zu erwähnen.

Sie haben diesen Satz auf Anhieb verstanden. Und es fällt Ihnen nicht schwer, einen solchen Satz zu schreiben. Doch Sätze gehen häufig daneben, wenn die Hauptsache nicht im Hauptsatz steht. Zwei Beispiele:

»Da einem Rechner prinzipiell nicht zu trauen ist, kontrollieren Sie noch einmal den Endausdruck. Insbesondere die Vollständigkeit der Seiten, die richtige Paginierung (Seitenzahlen), der Anschluß zwischen letzter Zeile auf einer Seite und erster Zeile auf der nächsten Seite, die getrennten Wörter am Ende einer Zeile u.ä. sind Dinge, die immer wieder zu heiteren Nebeneffekten führen, die Sie Ihrem Prüfer nicht zumuten sollten.« (Hoppe, Kuhl, S. 11)

Im zweiten Satz lautet der Hauptsatz: »Insbesondere die Vollständigkeit der Seiten ... sind Dinge«. Und diese Dinge führen zu Nebeneffekten, die dem Prüfer nicht zugemutet werden sollten. Wir verstehen zwar, was gemeint ist. Aber präzise ist der Satz nicht. Die Autoren haben sich in ihrem Satzbau verheddert. Sie haben sich nicht die Mühe gemacht zu überlegen, was ist die Hauptsache? Das Ergebnis ist eine mißlungene Mischung aus Bandwurmsatz und Umgangssprache (»sind Dinge«).

Sie vermeiden solche Pannen, wenn Sie die Hauptsache im Hauptsatz formulieren.

- Ist die Hauptsache, dem Prüfer keine fehlerhaften »Endausdrucke« zuzumuten: »Muten Sie Ihrem Prüfer keine Arbeiten zu, in denen die Seitenzahlen nicht stimmen, der Anschluß ...«
- Soll der Akzent auf den Fehlerquellen liegen: »Prüfen Sie, ob die Seiten ....« In einem zweiten Satz könnte der Hinweis folgen, daß dem Prüfer Diplomarbeiten mit Formfehlern erspart bleiben sollten.

»Ein Textmuster, das in den USA sowohl in der Schule als auch im Studium einen großen Stellenwert einnimmt, bei uns merkwürdigerweise keine Bedeutung hat, ist der Book Report, für den ich kein besseres deutsches Wort als *Buchbericht* finde.« (Kruse, S. 100 – Herv. i. T.)

Ohne den eingeschobenen Nebensatz lautet dieser Satz: »Ein Textmuster ist der Book Report, für den ich kein besseres deutsches Wort als *Buchbericht* finde.« Ob Kruse das wichtig war?

Ihre Texte werden prägnanter und verständlicher, wenn Sie Ihre Argumentation syntaktisch stützen. Überlegen Sie deshalb: Was ist die Hauptsache, die wichtigste Aussage? Der Ort für die wichtigste Aussage ist der Hauptsatz. Ein nachgeordneter Gedanke kommt in den Nebensatz. Sind zwei Gedanken gleich wichtig, werden sie in gleichrangigen Sätzen ausgedrückt.

Nebensätze werden an den Hauptsatz angehängt

Schieben Sie keine Nebensätze in den Hauptsatz, sondern hängen Sie Nebensätze an. Sie erleichtern sich das Schreiben und ersparen Ihren Leserinnen und Lesern komplizierte Sätze.

»Mit der kognitiven Wende, durch welche sich (wie gesagt) die bisher dominante Stimulus-Response-Psychologie in die zweite Reihe verwiesen sah, wurden kognitive Ansätze und Fragestellungen der alten Bewußtseinspsychologie – die von Ebbinghaus inaugurierte assoziationspsychologische Gedächtnisforschung, die Würzburger Schule der Denkpsychologie, die Berliner Schule der Gestalttheorie etc. – die seinerzeit durch die behavioristische Umwälzung zurückgedrängt worden waren – Mitte oder Ende der fünfziger Jahre wieder aufgegriffen.«[16]

Aus diesem Satzmonster wird ein klar strukturierter Text, wenn der Hauptsatz an den Anfang gestellt und der Nebensatz angehängt wird:

»Mit der kognitiven Wende wurden in den fünfziger Jahren kognitive Ansätze und Fragestellungen der alten Bewußtseinspsychologie wieder aufgegriffen: die von Ebbinghaus inaugurierte assoziationspsychologische Gedächtnisforschung, die Würzburger Schule der Denkpsychologie, die Berliner Schule der Gestalttheorie etc., die durch die behavioristische Umwälzung zurückgedrängt worden waren.«

Wenn die durch »wie gesagt« angekündigte Wiederholung wichtig ist, kann in einem zweiten Satz ergänzt werden: »Die Stimulus-Response-Psychologie wurde mit dieser Wende in die zweite Reihe verwiesen.«

Das Verständnis dieses Textes setzt Kenntnisse der Psychologie voraus. Nicht jeder Text muß für alle verständlich sein. Sie schreiben für ein »Fachpublikum«. Diese Tatsache ist jedoch kein Freibrief für komplizierte – weil verschachtelte – Sätze. Selbst ein komplizierter Sachverhalt kann in Sätzen ausgedrückt werden,
* die das Verständnis nicht erschweren und
* deren Struktur deutlich macht, was die Kernaussage und was nachgeordnet ist bzw. ein erläuterndes Beispiel.

Aktiv statt Passiv

Holzkamp schreibt im Passiv. Diese Form lädt zu Schachtelsätzen ein. In dem zitierten Satz wird die Satzaussage (*wurde aufgegriffen*) getrennt. Nach 59 Wörtern erfahren die Leserinnen und Leser, was aus den »kognitiven Ansätzen und Fragestellungen der alten Bewußtseinspsychologie *wurde*«. Bis Sie auf das erlösende »aufgegriffen« stoßen, können Sie rätseln, ob diese Ansätze

---

16 Klaus Holzkamp: Lernen. Subjektwissenschaftliche Grundlegung. Frankfurt/Main 1995, S. 118.

- endgültig verworfen,
- vergessen oder
- verspottet

wurden.

Die Lesenden sind bei solchen Satzkonstruktionen häufig so angestrengt damit beschäftigt, die Satzaussage zu erfassen, daß der Satz nicht verstanden wird oder ein falscher »Zwischensinn« entsteht. Ein einfaches Beispiel: Petra versagte (ach, die Ärmste!) dem Vorschlag des Professors die Zustimmung. Bei einem so kurzen Satz entstehen keine Verständnisschwierigkeiten. Doch Holzkamps Satz zeigt, welche Satzungetüme entstehen können, wenn die Satzaussage auseinandergerissen wird. Solche Sätze sind schwer zu verstehen. Wer so schreibt, macht sich das Schreiben schwer, weil Grammatik und Logik leicht durcheinander geraten und häufig geprüft werden muß, ob die Anschlüsse stimmen.

Wenn Sie aktive Verben verwenden, umgehen Sie dieses Problem. Und Sie verwenden die inhaltlich angemessene Form – jedenfalls in allen Fächern, in denen es um menschliches Handeln geht: Psychologen *greifen* Ansätze *auf*. Erziehungswissenschaftler *entwickeln* Konzepte. Richterinnen *verurteilen* Angeklagte. Politiker *fordern* Studiengebühren – oder *sind* dagegen. Ihre Sätze werden präziser und anschaulicher, wenn Sie aktive Verben verwenden. Ein einfaches Beispiel: »Die Verschiebung der Subventionskürzungen wurde von der CDU kritisiert.« Aktiv: »Die CDU kritisierte, daß die Subventionskürzungen verschoben wurden.« Werden die Verantwortlichen genannt, verschwindet das Passiv auch aus dem Nebensatz: »Die CDU kritisierte, daß die Landesregierung die Subventionskürzungen verschoben hat.«

Der verunglückte Satz von Armin Bernhard, den ich auf Seite 115 zitiert habe, wird mit einem aktiven Verb kurz und klar: »Seit Beginn der achtziger Jahre entwickelten Erziehungswissenschaftlerinnen und Erziehungswissenschaftler pädagogische Ansätze, in denen versucht wird, auf die ökologische Krise zu antworten.«

Die Leideform ist angebracht, wenn
- tatsächlich ein Erleiden ausgedrückt werden soll: Ich wurde im letzten Jahr vom Vermieter schikaniert,
- nicht interessiert, wer die handelnde Person ist: Die Mensa wird um neun Uhr geöffnet,

- ein Handlungsträger fehlt: In der Studienordnung ist vorgesehen, daß ... Die Studienordnung kann nichts vorsehen, sondern nur die, die sie gemacht haben.

Wörter

Ich beginne mit zwei Beispielen: Das erste stammt aus einer Kritik eines wirtschaftswissenschaftlichen Gutachtens, in dem unter anderem ein staatliches Investitionsprogramm von 120 Milliarden DM vorgeschlagen wird. Im zweiten Beispiel verdichte ich fünf Seiten einer Veröffentlichung über Sprachpsychologie.

»Rein rechnerisch soll dieser staatsausgabenmäßige Gewaltakt in Verein mit einer fünfprozentigen Verkürzung der Arbeitszeit bei möglichst vollem Lohnausgleich etwa 4,7 Millionen neue Arbeitsplätze schaffen.«

Verfügen Sie über genügend kommunikative Kompetenz, um in einem Diskurs latente Spannungen und manifeste Dissonanzen nicht nur zu registrieren und affektiv zu bewältigen, sondern sie auch produktiv zu einem Konsens zu führen, der eine Diskurskontinuität gewährleistet? Oder treten in solchen Situationen mündlicher Textproduktion bei Ihnen Realitätsmystifizierungen auf, die Sie daran hindern, die konfliktären Faktoren des Diskursprozesses, die Attribuierungen, die transrationalen Vorgänge, die Ambivalenzen und Aggressionen zu reflektieren und zu verbalisieren?

Rein rechnerisch ist semantisch ein Gewaltakt und *in Verein mit staatsausgabenmäßig* eine »sprachmäßige« Fehlleistung. Außerdem kann eine Kürzung nicht *fünfprozentig* sein, gemeint ist wohl: eine Kürzung um fünf Prozent. In der Wissenschaft sind Modewörter und eine schludrige Wortwahl unangemessen. Aussagen müssen präzise sein. Das heißt nicht: wie im zweiten Beispiel ein Fremdwort an das nächste reihen, sondern prüfen, ob ein Wort
- treffend,
- verständlich und
- notwendig ist.

Fremdwörter

Wer Sätze formuliert, wie die im zweiten Beispiel, will imponieren

Schreiben und umschreiben   123

oder einschüchtern. Ich plädiere nicht für Deutschtümelei. *Plädieren* ist ein Fremdwort, das Ihnen vertraut ist. Die Zeiten, in denen aus einem Patienten ein *Kränkling* werden sollte, sind zum Glück vorüber. Es wäre Unsinn, Fremdwörter um jeden Preis vermeiden zu wollen. Eine *Exkursion* ist kein Ausflug, die *Psyche* ist nicht dasselbe wie die *Seele,* für die englischen *Colleges,* ein *Sit-in* oder *Marketing* gibt es keine angemessene Übersetzung, für *Anglizismus* oder *Trend* fehlt ein griffiges deutsches Wort und für *homosexuell* gibt es auf der gleichen Stilebene kein passendes: *Schwul* ist vielfach noch ein Schimpfwort. Schließlich ist nichts dagegen einzuwenden, zwischen *Konsument* und Verbraucher, zwischen *Innovation* und Neuerung zu wechseln, um Wiederholungen zu vermeiden.

Es gibt gute Gründe, Fremdwörter zu verwenden. Sie sind allerdings kein Ersatz für treffende Aussagen oder präzise Beschreibungen. »Das tut weh«, schrieb ein Professor neben folgende Formulierung in einer Soziologie-Hausarbeit: »alternative Basisaktivitäten«. Ich habe die Hausarbeit nicht gelesen, sondern nur die Klage des Professors (zit. n. Grossekathöfer). Aus eigener Erfahrung weiß ich, daß diese Formulierung nicht schmerzhaft ist – aber fast immer ein Arbeitsersatz: »Alternativ« ist so unpräzise wie »Basisaktivitäten«, und beide Wörter sind nur scheinbar verständlich. Jede Leserin und jeder Leser kann sich darunter vorstellen, was sie oder er will. Was ist das *Alternative* an den *Basisaktivitäten*? Gibt es *traditionelle* Basisaktivitäten? Und *Aktivitäten* ist fast nie treffend. Was sind zum Beispiel die »vielen Aktivitäten« eines Vereins oder einer Abgeordneten? Essen, Trinken und Schlafen?

Holzkamps »inauguriert« ist nicht nur altmodisch, sondern auch unpräzise. Wenn es in der zitierten Einleitung heißt: »Die Diskriminierung/Ausgrenzung von Schülern polnischer Nationalität könnte hier inhaltlich demonstriert werden«, dann erfahren wir nicht, ob die Diskriminierung belegt, bewiesen oder illustriert werden kann.

Fremdwörter müssen treffend sein. Wer Fremdwörter verwendet, sollte ihre Bedeutung kennen. Es ist peinlich, wenn
- optimal gesteigert wird (*optimalste* Bedingungen),
- Leserinnen *typologisiert* werden (statt typisiert) oder eine alte Handschrift *dechiffriert* (statt entziffert),
- Mißstände *soziologisch* statt sozial sind, Menschen *psychologische*

Probleme haben oder aus einem technischen Problem ein *technologisches* wird.

Funktionsverben

In allen Veranstaltungen, die im Rahmen des Hochschultages stattfinden, besteht für Jugendliche die Möglichkeit, sich mit der Suchtthematik auseinanderzusetzen und sich über Alternativen zum Gebrauch von Suchtmitteln zu informieren.

Aus einem Thema muß keine *Thematik* gemacht werden (und nicht aus jedem Problem eine *Problematik*). Es ist auch nicht notwendig, Sätze durch Funktionsverben aufzublähen. Das sind Verben, die mit einem Substantiv kombiniert werden – zum Beispiel:

- unter Beweis stellen statt beweisen
- Beachtung schenken beachten
- in Augenschein nehmen betrachten oder untersuchen
- die Möglichkeit haben können.

Funktionsverben machen Texte länger – nicht besser. Funktionsverben verführen zu Schachtelsätzen, weil zwischen *Beachtung* und *schenken* oder zwischen *Beweis* und *stellen* zwei oder drei Nebensätze eingefügt werden können. Zum Beispiel so:

Funktionsverben verführen zu Schachtelsätzen, denn sie *bieten*, wie Formulierungen im Passiv, die ich auf der Seite 121 behandelt habe, die von vielen Studentinnen und Studenten – meist nicht zugunsten der Verständlichkeit eines Textes – genutzte *Möglichkeit*, zwischen »Beweis« und »stellen« zwei, drei oder mehr Nebensätze einzufügen.

Deshalb rate ich von Funktionsverben ab. Der Satz über die *Suchtthematik* lautet ohne »Thematik«, ohne die steife Formulierung »im Rahmen« und ohne Funktionsverb (»besteht die Möglichkeit«):

»Während des Hochschultages können sich Jugendliche mit dem Thema Sucht auseinandersetzen und über Alternativen zum Gebrauch von Suchtmitteln informieren.«[17]

17 Ich bevorzuge, den »Suchtmitteln« einen Namen zu geben: »Während des Hochschultages können sich Jugendliche mit dem Thema Sucht auseinandersetzen und sich über Alternativen zu Zigaretten, Alkohol, Haschisch und anderen Drogen informieren.«

Weniger ist meist mehr

»Wenn einem Autor der Atem ausgeht«, merkte John Steinbeck einmal an, »werden die Sätze nicht kürzer, sondern länger.« Zum Beispiel bei Holzkamp: Wenn eine psychologische Richtung »in die zweite Reihe verwiesen« wird, dann stand sie bisher in der ersten Reihe. Die Formulierung »die bisher dominante« ist deshalb überflüssig. Ich muß nicht zu bedenken geben, daß der *Transrapid* »von der Kostenseite her gesehen« zu teuer ist. Es genügt der Hinweis: »Der *Transrapid* kostet zu viel« (»...ist zu teuer«). Und es steckt Ballast in der Formulierung: »Der Gebrauch von Psychopharmaka sollte in jedem Falle wohlüberlegt und nicht in übertriebener Häufigkeit erfolgen.« Der Satz gewinnt, wenn Sie sieben Wörter weniger verwenden: »Psychopharmaka sollten wohlüberlegt und sparsam verwendet werden.« Kurz: Ein Text ist gelungen, wenn Sie nichts mehr weglassen können.

Erwin Dichtl zitiert in seinen ›Lehrbeispielen für Sprachbeflissene‹ folgenden Satz aus einer Diplomarbeit: »Das Gleiche gilt auch für die Erhebung von Gebrauchtwagendaten, die von Privat an Privat verkauft werden.« (S. 31) Das Wörtchen *auch* ist überflüssig. Der Silbenschleppzug *Gebrauchtwagendaten* ist zwar kürzer als *Daten von Gebrauchtwagen* – aber falsch: Verkauft werden nicht Daten, sondern Autos. Der Satz muß lauten: »Das Gleiche gilt für die Erhebung von Daten über die Gebrauchtwagen, die von Privat an Privat verkauft werden.« Weniger ist also nicht immer mehr. Es gibt nicht die »richtige« Satzlänge. Jeder Satz sollte das Ergebnis von Arbeit sein. Jedem Satz sollte die Überlegung vorausgehen, ob bestimmte Wörter notwendig sind oder nicht.

Ich, wir oder man?

Sie können und sollen in einer Haus- oder Diplomarbeit Fragen formulieren und Schwerpunkte setzen, Sie können und sollen meinen, feststellen, schlußfolgern usw. Wenn *Sie* das tun, können Sie *ich* schreiben: »Ich gehe der Frage nach, ...« »Deshalb konzentriere ich mich auf ...«

Umberto Eco plädiert für *wir* statt *ich*, für den Pluralis majestatis, den Kaiser Wilhelm benutzte, wenn er von sich sprach: »Man sagt ›wir‹, weil man davon ausgeht, daß eine Feststellung von den Lesern geteilt werden kann.« (S. 195) Diese Aussage
- finden *wir* lustig,
- *ist* lustig,
- finde *ich* lustig,
- findet *der Autor* lustig.

Wie denn nun?

Eco geht davon aus, daß *wir* angemessen ist – und schreibt: »*Man sagt wir.*« Ich teile diese Feststellung nicht. Und vielleicht finden Sie diesen Widerspruch nicht lustig. Dann finde nur *ich* ihn lustig und nicht *wir*. Dann *ist* er auch nicht lustig, sondern wird nur von mir so aufgenommen. Schreibe ich »*Der Autor* findet das lustig«, rätseln Sie, ob ich mich oder Eco meine.

Ich finde die Formulierungen *wir* und *der Autor* aufgeblasen. *Ich finde* signalisiert eine subjektive Wertung. Deshalb halte ich diese Formulierung für angemessen. Wenn ein Subjekt wertet, schlußfolgert oder berichtet, dann ist meines Erachtens *ich* angemessen. Ich empfehle, die Entscheidung für ich, wir oder man vom Gegenstand abhängig zu machen, um den es in einer Hausarbeit geht (und die Konvention Ihres Fachbereichs zu beachten): Ich meine/denke usw.,
- daß es Studentinnen und Studenten gibt,
- daß im Juni 1997 über vier Millionen Menschen arbeitslos gemeldet waren,
- daß Radfahren die Umwelt weniger belastet als Auto fahren,

sind unangemessene Formulierungen. Es gibt Tatsachen, Erkenntnisse, Verallgemeinerungen, die unabhängig von meinem Denken und Meinen sind.

Wenn Sie dem Wissenschaftler X zustimmen, der meint, die Zahl von über vier Millionen Erwerbslosen sei das Ergebnis einer falschen Wirtschaftspolitik, zitieren Sie X. Daß Sie ihn zitieren, ist eine hinreichend deutliche Stellungnahme. Deshalb brauchen Sie nicht darauf hinzuweisen, daß Sie der Auffassung von X sind.

Wenn Sie den Ansatz von X und die konträren Auffassungen der Wissenschaftlerin Y gegenübergestellt haben, und ein Fazit ziehen wollen, spricht nichts gegen die Formulierung: »Drei Gründe sprechen meines Erachtens dagegen, die hohe Arbeitslosigkeit als notwendige Folge der Globalisierung zu begreifen: Erstens ...«

Wenn Ihnen nicht gefällt, *ich* zu verwenden (oder es an Ihrem Fachbereich verpönt ist), schreiben Sie: »Drei Gründe sprechen gegen die Auffassung, die hohe Arbeitslosigkeit sei eine notwendige Folge der Globalisierung: Erstens: ...« Oder: »In dieser Diplomarbeit wird der Frage nachgegangen ...« »Im Mittelpunkt dieser Hausarbeit steht ...«

Es kommt nicht darauf an, möglichst oft oder nie *ich* zu schreiben, sondern Ihren Gedanken eine angemessene sprachliche Form zu geben. Denken Sie dabei zuerst an sich – denn Schreiben heißt auch: die eigenen Texte lesen.

Reden

Die Studierenden langweilen sich. Die Dozentin langweilt sich. Und ein Kommilitone steht unter enormem Streß. Er referiert. Grauer Seminaralltag. Sie können ihn etwas bunter, sich und anderen das Leben leichter machen.

Es bedarf nicht viel, um etwas Farbe in ein Seminar zu bringen. Die Ansprüche der meisten Studierenden an Referate sind bescheiden: eine klare Gliederung und ein freier Vortrag, schon wären sie zufrieden. Das ergab eine Befragung von Studentinnen und Studenten der Germanistik in München. »Wird dann noch ein Thesenpapier verteilt oder eine klare Zielvorstellung ... benannt«, übertrifft das bereits die Erwartungen (Waller).

Was können Sie tun, um andere nicht zu langweilen? Wie können Sie nach vier oder mehr Wochen intensiver Beschäftigung mit einem Thema diese Anstrengungen zu einem »krönenden« Abschluß bringen? Was ist notwendig, um sich und anderen zu beweisen: Ich kann eine Sache auf den Punkt bringen?[1]

Wie Sie sich auf ein Referat vorbereiten, mit Lampenfieber umgehen und Medien einsetzen können, was Sie beim Manuskript beachten und wo Sie Ihre Hände während eines Referats hinpacken sollten, mit welchen Mitteln Ihnen ein interessanter Anfang und ein wirksamer Schluß gelingt – darum geht es in den nächsten beiden Abschnitten. Ich wechsle zwischen den Begriffen *Referat*, *Vortrag* und *Rede* und meine damit eine Situation, in der Sie zwischen 10 und 45 Minuten über ein Fach- bzw. Sachthema sprechen.

Im Mittelpunkt des dritten Abschnitts steht die Diskussion. Die Themen: den Einstieg in eine Diskussion finden und strukturiert argumentieren, sich in Diskussionen argumentativ behaupten und eine Diskussion leiten.

1   Das ist im übrigen eine Fähigkeit, die in den meisten Berufen von Ihnen erwartet wird.

Eine Rede ist keine »Schreibe«: Ein Referat vorbereiten

Vor anderen reden – diese Situation bereitet vielen Studentinnen und Studenten Unbehagen. Deshalb weichen sie ihr, wenn es geht, aus. Doch damit ist die Schwierigkeit mit Referaten oder Vorträgen nicht aufgehoben, sondern nur verschoben. Die nächste Situation kommt bestimmt. Und trivial, aber wahr: Nur Übung macht die Meisterin und den Meister.

Muß es gleich die Meisterin oder der Meister sein? Vor dem Studienabschluß sind Sie – um im Bild zu bleiben – Lehrling (und in der Hochschulhierarchie bis zur Habilitation Gesellin oder Geselle). Es ist schon viel gewonnen, wenn Sie Ihren Anspruch überprüfen. Niemand erwartet von Ihnen rhetorische Glanzleistungen, sondern ein Referat, das Hand und Fuß hat, das informiert oder zum Nachdenken anregt und verständlich vorgetragen wird. Das ist nicht so schwer. Eine gute Vorbereitung ist eine große Hilfe und Entlastung. Worauf kommt es an? Die folgende Abbildung gibt einen ersten Überblick:

Abbildung 6:
Ein Referat vorbereiten

An die Zuhörerinnen und Zuhörer denken

Es gibt Redner, die können *sich* stundenlang zuhören. Wenn Sie sich auf Ihre Zuhörerinnen und Zuhörer einstellen, werden diese *Ihnen* gerne (einige Zeit) zuhören.

Was heißt das, sich auf die Zuhörerinnen und Zuhörer einstellen? Stellen Sie sich einmal vor, Sie müßten Studentinnen und Studenten motivieren, freiwillig in das Seminar zu kommen, in dem Sie referieren. Stellen Sie sich weiter vor, Sie wollten für dieses Seminar werben, Plakate aufhängen und Handzettel verteilen. Wie würden Sie diese Aufgabe lösen? Was würden Sie in Ihrer Werbung betonen?

Sie müßten überlegen:
- Wer sollte zu meinem Referat kommen?
- Warum sollte jemand kommen?
- Was ist an meinem Thema interessant?
- Was biete ich Neues?
- Worin besteht der Vorzug meines Referats gegenüber einem gedruckten Text?

Haben Sie diese Fragen geklärt, können Sie in Ihrer Werbung den Nutzen Ihres Vortrags hervorheben[2] – zum Beispiel: neue Informationen, ein kompetenter Überblick, eine aufschlußreiche Interpretation. (Halten Sie, was wohl eher unwahrscheinlich sein dürfte, einen amüsanten Vortrag, sollten Sie das betonen.)

Stellen Sie sich diese Fragen auch dann, wenn Ihre Kommilitoninnen und Kommilitonen nicht freiwillig im Seminar sitzen. Das ist der erste Schritt auf dem Weg zu einem guten Referat.

Ich habe im letzten Kapitel erläutert, wie ein Thema aufbereitet werden muß, damit eine runde Arbeit entsteht. Bei Referaten kommt ein weiterer Gesichtspunkt hinzu: Sie müssen nicht nur inhaltlich stimmig sein, sondern auch situationsangemessen. Deshalb sollten Sie

---

[2] In der Werbung heißt dieser Grundsatz: den Nutzen für die Verbraucherinnen und Verbraucher herausstellen bzw. – in dieser Branche sind Anglizismen und Fremdwörter sehr beliebt – die »benefits kommunizieren«.

- die Vorkenntnisse,
- die Interessen und nicht zuletzt
- die Aufnahmefähigkeit

der Zuhörerinnen und Zuhörer berücksichtigen.

Je mehr Sie zur Expertin oder zum Experten auf einem Gebiet werden, um so mehr sollten Sie darauf achten, den Wissensstand und die Informationsbedürfnisse von Nicht-Experten richtig einzuschätzen. Prüfen Sie, welche Vorkenntnisse Sie voraussetzen können und welche nicht. Sonst besteht die Gefahr, daß Sie Ihre Zuhörerinnen und Zuhörer entweder mit längst Bekanntem langweilen oder sie mit zuviel Neuem überfordern.

Sie müssen Interesse wecken und die Komplexität eines Themas reduzieren, um die Aufnahmefähigkeit nicht zu stark zu strapazieren. Und Sie müssen überlegen, wie Sie das Interesse aufrechterhalten und schließlich Ihr Referat abrunden können.

Damit sind die Anforderungen an den Anfang, den Hauptteil und den Schluß eines Referats angesprochen. Bevor ich darauf näher eingehe, noch eine Anmerkung: Ich habe die Dozentinnen und Dozenten nicht vergessen. Sie sind *nicht* die Adressaten Ihres Referats. Lehrenden können Sie nur imponieren, wenn Sie sie nicht langweilen. Das gelingt Ihnen, Sachkenntnis vorausgesetzt, durch eine interessante Fragestellung und eine klare Struktur.

Was imponieren soll, muß Struktur haben: Einleitung, Hauptteil, Schluß

Der Anfang muß stimmen

Kurt Tucholsky empfiehlt in seinen ›Ratschlägen für einen schlechten Redner‹:

»Fange nie mit dem Anfang an, sondern immer drei Meilen vor dem Anfang! Etwa so: ›Meine Damen und meine Herren! Bevor ich zum Thema des heutigen Abends komme, lassen Sie mich Ihnen kurz...‹ Hier hast Du schon so ziemlich alles, was einen schönen Anfang ausmacht: eine steife Anrede; der Anfang vor dem Anfang; die Ankündigung, daß und was du zu sprechen beabsichtigt, und das Wörtchen kurz. So gewinnst Du im Nu die Herzen und die Ohren der Zuhörer.« (Bd. 8, S. 290)

Wie können Sie »Herzen und Ohren« gewinnen? Durch einen Einstieg, der motiviert und orientiert, durch eine Einleitung in vier Schritten.

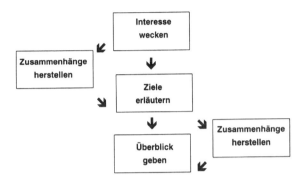

Abbildung 7: Der Referat-Einstieg

Der Aufmerksamkeitswecker

Beim Sport müssen Sie sich warmlaufen. Bei einem Referat muß es gleich losgehen. Am Ende eines Dramas steht der Höhepunkt und beim Krimi die Auflösung. Beim Vortrag müssen die ersten Sätze Interesse und Aufmerksamkeit wecken. Dies können Sie erreichen durch
- ein originelles Zitat oder Motto:
  »Am Anfang war der öffentlich-rechtliche Rundfunk«, stellte der Ministerpräsident von Nordrhein-Westfalen, Johannes Rau, einmal fest. Und was ist am – vorläufigen – Ende? Dieser Frage will ich in meinem Referat nachgehen.
  »Ich mag diese Regierung nicht, ich mochte die vorige nicht, und ich werde auch die nächste nicht mögen.« Dieses Credo eines freien Journalismus formulierte der US-Amerikaner Dan Crossland.

- eine provokante Frage oder These:
  Ist die deutsche Universität im Kern verrottet?
  Es gibt nur Egoisten auf der Welt. Egoismus ist naturgegeben – ein Ergebnis der Evolution. Das meint jedenfalls ...
  »Pressefreiheit ist die Freiheit von zweihundert reichen Leuten, ihre Meinung zu vertreten.« (Paul Sethe)
- eine widersprüchliche Aussage:
  Wir wissen immer mehr und werden immer dümmer.
- einen kurzen, anschaulichen Erlebnisbericht, der zum Thema führt:
  »Ich werde oft gefragt: Was ist das eigentlich – Frauensprache? Gibt es das überhaupt? Oder ich werde mit der Behauptung konfrontiert: Das gibt es doch gar nicht, Frauensprache. Oder ich werde angegriffen: Was soll denn das sein, Frauensprache?« (Senta Trömel-Plötz)
- das Aufgreifen eines aktuellen Ereignisses, das zum Thema paßt:
  Heute wurde die Welt-Ernährungskonferenz eröffnet. Heute verhungerten in Lateinamerika über 1600 Kinder unter fünf Jahren. Heute wurden in der EU Tonnen »überflüssiger« Lebensmittel vernichtet.
- eine Allegorie, die alle verstehen:
  Den Wettlauf mit dem Hasen haben die Igel gewonnen. Ein entscheidendes Rennen könnten sie allerdings verlieren – befürchten Naturschützer.[3]
- eine einfache Feststellung, in der bereits anklingt, daß die Sache nicht so einfach ist:
  Ob aus der Retorte oder aus der Pflanze: Vor dem Gesetz sind alle Arzneien gleich.

Sie können auch mit einer Sympathiewerbung anfangen: Ein bekannter Mann hat einmal gesagt, man könne über alles reden – nur nicht länger als 45 Minuten. Ich will in knapp 20 Minuten versuchen ...

Von zwei Einstiegen rate ich ab, vom
- Wir-Pathos:
  Wir alle möchten in Frieden leben.
  Wir wollen alle Lehrer werden.

---

3 Dieses und das folgende Beispiel stammen von Bader und Göpfert (S. 99 u. 101).

Von solchen Formulierungen rate ich nicht nur ab, weil sie an geschraubte Politiker-Reden erinnern, sondern auch deshalb, weil ein »Nein« eines Studenten auf die erste Aussage Sie ebenso aus dem Konzept bringen kann wie die Feststellung einer Studentin: »Nein, ich will Lehrerin werden.«
* Seminar-Geschichte:
Die Literatur der frühen Neuzeit beschäftigt uns seit Beginn dieses Semesters ...
Die Gefahr ist groß, daß Sie einen Zustand bewußt machen, der als unbehaglich erlebt wird – und der eine oder die andere deshalb tief und gequält seufzt.

Ziele nennen

»Was lehrt mich das« – fragen Sie sich, wenn Sie nicht recht vom Nutzen dessen überzeugt sind, was ein Dozent vorgetragen hat. Sie wollen etwas lernen, und Sie wollen wissen wofür. Ihren Kommilitoninnen und Kommilitonen geht es genauso. Sagen Sie ihnen deshalb, welche(s) Ziel(e) Sie warum mit dem Referat verfolgen. Das hilft,
* einzuordnen, was Sie vortragen,
* die Bedeutung Ihres Referats einzuschätzen und
* falschen Erwartungen vorzubeugen.

Einen Überblick geben

Eine Orientierung über den Aufbau Ihres Referats macht es den Zuhörenden leichter, Ihnen zu folgen. Sagen Sie, daß sich Ihr Referat – zum Beispiel – in drei Teile gliedert: »Ich skizziere zunächst den Erklärungsansatz von ABC. Dann erläutere ich den Ansatz von XYZ. Abschließend hebe ich Differenzen und Gemeinsamkeiten beider Konzepte hervor.«

Der nächste Satz kann den Hauptteil eröffnen. Sagen Sie ausdrücklich, was Sie als nächstes tun: »Ich beginne mit dem ersten Teil, dem Erklärungsansatz von ABC.«

Zusammenhänge herstellen

Referate sollten das Lernen anregen und unterstützen. Deshalb ist es nützlich, Hinweise zu geben,
- wie sich Ihr Referat in den Seminarzusammenhang einordnet,
- in welcher Hinsicht Ihre Erläuterungen einen Sachverhalt vertiefen oder im Widerspruch zu dem stehen, was bisher behandelt wurde,
- worauf Sie nicht eingehen, weil dies Thema einer der nächsten Seminarsitzungen sein wird.

Es gibt zwei Möglichkeiten, auf Zusammenhänge hinzuweisen: entweder nachdem Sie Interesse für Ihr Thema geweckt oder nachdem Sie die Ziele Ihres Referats erläutert haben (vgl. Abbildung 7). Für jede Variante ein Beispiel:

Wir wissen immer mehr und werden immer dümmer *(Interesse wecken)*. Diese Feststellung widerspricht den optimistischen Aussagen über den Zuwachs an Wissen, über die wir beim letzten Mal gesprochen haben *(Zusammenhänge herstellen)*. Ich will zeigen, daß mehr wissen und dümmer werden kein Gegensatz ist. Im Mittelpunkt steht dabei der Nachweis, daß ...*(Ziele erläutern)*.

Wir wissen immer mehr und werden immer dümmer *(Interesse wecken)*. Ich will zeigen, daß mehr wissen und dümmer werden kein Gegensatz ist. Im Mittelpunkt steht dabei der Nachweis, daß ...*(Ziele erläutern)*. Ich widerspreche damit den optimistischen Aussagen über den Zuwachs an Wissen, über die wir beim letzten Mal gesprochen haben *(Zusammenhänge herstellen)*.

Für welche Variante Sie sich entscheiden, hängt vom Thema ab. Wichtig ist, bei der Vorbereitung darauf zu achten, daß die Einleitung nicht mehr als 10–15 % der Zeit einnimmt, die Ihnen für Ihr Referat zur Verfügung steht.

Der Hauptteil: Gegliedert, verständlich und anschaulich

Stimmt der Anfang, geben Ihnen die Zuhörerinnen und Zuhörer einen »Vorschuß«. Was können Sie tun, um ihn nicht zu verspielen?

Klare Strukturen

Tucholsky warnt: »Der Redner sei kein Lexikon. Das haben die Leute zu Hause.« Und in seinen ›Ratschlägen für einen guten Redner‹ fügt er hinzu: »Merk Otto Brahms Spruch: Wat jestrichen is, kann nich durchfalln.« (Bd. 8, S. 292) Dieser Hinweis ist als Prüfauftrag zu verstehen, was den Zuhörenden erspart werden kann:
- Vieles, was für Sie bei der Erarbeitung des Themas wichtig war, für die Zuhörerinnen und Zuhörer jedoch uninteressant ist;
- eine ungeordnete Faktenhäufung;
- die Demonstration dessen, was Sie alles wissen.

Ob Sie informieren, interpretieren, analysieren, vergleichen oder bewerten: Es kommt darauf an, das Wesentliche in den Mittelpunkt zu stellen – statt nach dem Motto: »Was man weiß, was man wissen sollte« möglichst ausführlich zu referieren.

Überfrachten Sie Ihr Referat mit Informationen, überfordern Sie die Zuhörenden. Konzentrieren Sie sich auf das Wesentliche, können die Zuhörerinnen und Zuhörer besser dem Gang Ihrer Argumentation folgen und den roten Faden im Blick behalten. Und darauf kommt es an: Die Teilnehmerinnen und Teilnehmer sollten immer erkennen können,
- worüber Sie sprechen,
- wie das, was Sie gerade vortragen, mit dem zusammenhängt, was Sie zuvor referiert haben.

Gelingt es Ihnen, Ihr Referat klar zu strukturieren, haben Sie auch keine Schwierigkeiten, die Struktur durch gliedernde Zwischenbemerkungen deutlich zu machen: »Damit schließe ich die erste Frage ab und komme zur zweiten.« »Zu diesem Aspekt will ich drei Überlegungen anstellen. Erstens: ...«

Verständlichkeit

Wenn Sie in einer Hausarbeit komplizierte Sätze formulieren, kann die Leserin oder der Leser einen Satz nochmals lesen und zurückblättern. Das geht bei einem Vortrag nicht. Deshalb sollten Sie sich besonders um Verständlichkeit bemühen.

Zudem erleichtern Sie sich das Referieren. Zum einen fällt freies Sprechen entschieden leichter. Zum anderen entstehen keine sprachlichen Brüche, wenn Sie auf Zwischenfragen antworten oder einmal vom Konzept abweichen. Hört sich Ihr Referat sehr »akademisch« an und können Sie in der anschließenden Diskussion diesen Sprachstil nicht beibehalten, wirkt Ihr Referat aufgesetzt. Deshalb:

- Formulieren Sie kurze Sätze. Sätze mit mehr als 25 Wörtern sind schwer verständlich. Diese Feststellung gilt für gedruckte Texte. Um so mehr sollten Sie sich bei Referaten vor Satzmonstern hüten. Vermeiden Sie Bandwurm- und Schachtelsätze. Nur wer sich nicht mitteilen will, sollte sich an Tucholskys ›Ratschläge für einen schlechten Redner‹ halten:

»Du mußt alles in die Nebensätze legen. Sag nie: ›Die Steuern sind zu hoch.‹ Das ist zu einfach. Sag: ›Ich möchte zu dem, was ich soeben gesagt habe, noch kurz bemerken, daß mir die Steuern bei weitem...‹ So heißt das!« (Bd. 8, S. 291)

- Gehen Sie sparsam mit Fremdwörtern um, erklären Sie Fachbegriffe.
- Ärgern Sie die Zuhörenden nicht mit einem AküFi (Abkürzungsfimmel). Verwenden Sie eine Abkürzung, muß Sie eingeführt werden: *Das Antidiskriminierungsgesetz, kurz ADG.* Sind Fachbegriffe wahre Zungenbrecher oder sehr lang – zum Beispiel Pyrrolizidinalkaloide, Pronominalisierungstransformation oder Adoleszenz-Maximum-Hypothese –, wird niemand etwas gegen eingeführte Abkürzungen einwenden.
- Seien Sie zurückhaltend mit Zahlen und Statistiken, denn sie sind ohne schriftliche Vorlage schwer zu verstehen und zu behalten.

Anschaulichkeit

»Die Leute sind doch nicht in deinen Vortrag gekommen, um lebendiges Leben zu hören, sondern das, was sie auch in den Büchern nachschlagen können.« (Tucholsky, ebd.)

Durch anschauliche Formulierungen, durch Beispiele, Bezüge zu aktuellen Ereignissen, rhetorische Fragen und natürlich durch den Einsatz von Medien können Sie »Leben« in Ihr Referat bringen, Ihren Vortrag lebendig machen.

Wenn sich in der städtischen Grünanlage die Flora aufgrund ergiebiger Niederschläge positiv entwickelt, dann haben wir was? Einen scheußlichen Satz, das Gegenteil von anschaulich. Wenn nach einem Dauerregen im Stadtpark alles blüht, dann freue ich mich über die Natur und die anschauliche Formulierung.

Diese zwei Varianten derselben Sache zeigen: Ich kann mit einfachen Worten einen Sachverhalt treffend beschreiben. Und ich kann mit schwergängigen, aufgeblasenen und leblosen Wörtern das Gegenteil erreichen.

Unter einem »Geisterfahrer« können wir uns sofort etwas vorstellen. Das gilt für den amtlich korrekten Ausdruck »Gegenrichtungsfahrbahnbenutzer« nicht. Fachbegriffe und komplizierte Sachverhalte können durch anschauliche Formulierungen verständlich gemacht werden. Ein Vorher-Nachher-Beispiel. Zunächst Fassung 1:

Die Unterschiede zwischen Individuen lassen sich auf zwei *Ursachenkomplexe* zurückführen, auf Unterschiede der *ererbten Anlage* und auf *umweltbedingte Unterschiede*. Die Abschätzung der *relativen Bedeutsamkeit* dieser beiden *Komplexe* ist von großem praktischen Interesse, da z.B. erzieherische, heilpädagogische und psychotherapeutische Arbeit in erster Linie dann Erfolg verspricht, wenn sie sich auf nicht in starrer Weise durch Erbfaktoren *festgelegte Eigenheiten des Verhaltens* richtet.

In der zweiten Fassung werden die *kursiv* gesetzten Drögemacher ersetzt und das Mittel der rhetorischen Frage eingesetzt:

Worauf sind die Unterschiede zwischen den Menschen zurückzuführen? Auf die Vererbung oder auf Umwelteinflüsse? Diese Frage ist von großer Bedeutung für die Praxis: Erziehung, Heilpädagogik und Psychotherapie können nur dann erfolgreich sein, wenn das menschliche Verhalten nicht durch Erbfaktoren festgelegt ist.

Komplizierte Themen und schwierige Fragen lassen sich vor allem durch Bezüge auf aktuelle (oder historisch relevante) Ereignisse veranschaulichen. Wenn Sie bei der Erschließung eines Themas zunächst eigene Fragen und (Vor-)Überlegungen formulieren (vgl. S. 59 f.), fällt es nicht schwer, solche Bezüge herzustellen. Hilfreich sind auch Beispiele, Vergleiche und Analogien.

Ein abstrakter Begriff wie »Zeitsouveränität« kann durch Beispiele konkret und damit anschaulich gemacht werden:

Stellt euch vor, ihr müßt, wenn ihr nach dem Examen einen Job habt, nicht jeden Tag ins Büro, sondern könntet einen Teil der Arbeit zu Hause erledigen. Stellt euch bitte weiter vor, ihr würdet entscheiden, ob ihr morgens, mittags oder abends arbeitet – ihr könntet euch also eure Zeit frei einteilen. Und ihr würdet bestimmen ...

Ein anschaulicher Vergleich, der in das Thema »Regenerative Energien und nachhaltiges Wirtschaften« einführt[4] :

Ein Segelboot fährt, aber es lärmt nicht und es stinkt nicht. Ein Segelboot braucht keine Energie, die produziert werden muß. Trotzdem fährt es, und dazu braucht es natürlich Energie. Woher kommt diese Energie? Ein Segelschiff fährt nur dann, wenn es (1) durch technische Intelligenz so gestaltet ist, daß es sich in seine natürliche Mitwelt – Wind und Wasser – einfügt, und wenn (2) ...

Durch Analogien können zum Beispiel schwer überschaubare Zeiträume vorstellbar gemacht werden:

Wenn wir das Alter der Erde mit einer Woche gleichsetzen, dann wäre das Universum etwa zwei bis drei Wochen alt. Der Mensch wäre während der letzten zehn Sekunden aufgetreten, und Hochschulen im modernen Sinne gäbe es noch keine Sekunde.

Der Schluß: Abrunden

Der Schluß muß stimmen. Was zuletzt gesagt wird, wirkt am längsten nach. Geben Sie sich deshalb besondere Mühe mit dem Schluß.

Am Ende Ihres Referats sollte zunächst eine kurze Zusammenfassung Ihrer Hauptgedanken stehen:
- Ich fasse zusammen. Mir ging es erstens um ..., zweitens um ... und drittens um ...
- Zusammengefaßt: Ich habe gezeigt, daß erstens ..., daß zweitens ... und daß schließlich ...

Wie Sie im Anschluß an diese Zusammenfassung wirksam schließen können, hängt vom Ziel und Inhalt Ihres Referats ab. Sie können ab-

---

4 Diesen – von mir umformulierten – Vergleich stellte Klaus Michael Meyer-Abich (S. 196) an.

runden mit einer Schlußfolgerung, einem Ausblick, einem einprägsamen Bild, Leitgedanken bzw. Motto:
- Hält die geschilderte Medienkonzentration an, wird Paul Sethes Feststellung, Pressefreiheit sei die Freiheit von *zweihundert* reichen Leuten, in wenigen Jahren wie eine Erinnerung an gute alte Zeiten erscheinen.
- Alle Fakten sprechen also dafür, daß eher ein Kamel durch ein Nadelöhr gelangt, als daß an deutschen Hochschulen der Beamtenstatus von Professoren durch das Leistungsprinzip ersetzt wird.

Halten Sie den Schluß Ihres Referats schriftlich fest. Es gelingt nur Profis, spontan gute Formulierungen für den Schluß zu finden.

Vorsicht Falle
Die drei größten Fehler bei einem Referat:
1. Sie beginnen mit der Definition eines Begriffs.
2. Sie setzen fünf Schwerpunkte statt einen (oder zwei).
3. Sie wollen in 15 Minuten das erklären, was sich die meisten Studierenden in 8 Semestern erarbeiten.

Eine gute Stütze: Das Manuskript

Für ein Referat müssen Sie alle Arbeitsschritte vollziehen, die auch für eine schriftliche Arbeit notwendig sind (erschließen, eingrenzen usw.). An einem bestimmten Punkt trennen sich die Wege: Statt um ein schriftliches Endprodukt geht es um das Zwischenergebnis Vortragsmanuskript.

In der Literatur wird gewöhnlich zwischen einem wörtlich ausgearbeiteten Manuskript und einem Stichwortkonzept unterschieden. Das ist eine sehr grobe Unterscheidung; es gibt zahlreiche Zwischenformen. Und es gibt nicht *das* richtige oder falsche Manuskript. Gestalten Sie Ihr Manuskript nach Ihren Bedürfnissen und Voraussetzungen. Ich stelle Ihnen drei Formen vor.

Das ausgearbeitete Manuskript

Das ausformulierte Manuskript gibt vielen Anfängerinnen und Anfängern Sicherheit. Das ist ein wichtiges Argument für diese Form. Wenn Sie sich dafür entscheiden, Ihr Referat wörtlich zu formulieren, dann sollten Sie den folgenden Satz beherzigen: Es ist ein widriges Gebrechen, wenn Menschen wie die Bücher sprechen. Schriftsprache hört sich vorgetragen meist steif an. Und der lange Satz, der auf dem Papier zweimal gelesen werden kann, bleibt bei einer Rede oft unverständlich. Reden Sie deshalb keine »Schreibe«. Sprechen Sie sich Ihr Referat laut vor oder – noch besser – nehmen Sie es auf Kassette auf und hören Sie es sich ohne mitzulesen an. Sätze, die zu lang oder verschachtelt formuliert sind, sollten Sie überarbeiten.

Bei der Gestaltung des Manuskriptes sollten Sie
- DIN-A-4-Blätter verwenden,
- die Blätter nur einseitig beschriften,
- groß schreiben (wählen Sie am PC die Schriftgröße 14 und einen Zeilenabstand von 1,5),
- rechts einen breiten Rand lassen, damit Sie eine Zeile mit einem Blick übersehen können,
- die einzelnen Gedanken optisch deutlich voneinander abheben,
- Hervorhebungen richtig dosieren – werden **zu viele** HERVORHEBUNGEN eingesetzt, *geht* der *Strukturierungs-Effekt* verloren.

Sie können Handlungs-Anweisungen in Ihr Manuskript aufnehmen (z. B.: → Folie auflegen, ⇒ Handout verteilen) und mit Farben oder anderen Signalen Hinweise zum Sprechen einbauen (z. B.: _ = betonen, //= Pause). Aus unterschiedlichen Gründen – zum Beispiel weil viele Fragen gestellt werden – kann die Zeit knapp werden. Für diesen Fall ist es nützlich, wenn Sie die Passagen markiert haben, die Sie eventuell weglassen können. Denn ein hektisches »Durchziehen« des gesamten Referats nutzt niemandem.

Die Nachteile eines Referats mit einem wörtlich ausgearbeiteten Manuskript kennen Sie:
- das Referat ist nicht lebendig;

- der Blickkontakt mit den Zuhörenden wird erschwert;
- es erfordert Routine, sich vom Manuskript zu lösen und dann wieder die richtige Zeile zu finden;
- die Versuchung ist groß, durchgängig abzulesen;
- abgelesene Referate werden oft zu schnell gesprochen und so die Zuhörerinnen und Zuhörer überfordert.

Das Stichwort-Manuskript

Diese Nachteile können bei einer Rede nach Stichworten vermieden werden. Rede-Profis arbeiten ihr Konzept gleich in Stichworten aus. Das setzt große Sachkenntnis und Erfahrung voraus. Ein anderer Weg ist, eine Rede wörtlich auszuarbeiten und daraus Stichworte für die Rede herauszuziehen.

Das Stichwortkonzept schließt nicht aus, bestimmte Passagen auszuformulieren. Sie können, zum Beispiel, die Einleitung Wort für Wort aufschreiben, um Anfangsunsicherheiten zu überwinden. Zitate sollten Sie auf jeden Fall vollständig (mit Quellenangabe) notieren. Es sind also auch *Mischformen* zwischen ausgearbeitetem Manuskript und Stichwortkonzept möglich.

Verwenden Sie für Ihre Stichworte DIN-A-5-Karteikarten. Sie eignen sich besser als gewöhnliches Schreibpapier, weil sie nicht so leicht knicken, nicht knistern und sich besser schieben lassen. Beschriften Sie die Karteikarten nur einseitig, schreiben Sie groß und deutlich (nicht mehr als acht Zeilen auf eine Karte), und numerieren Sie die Karten. Verwenden Sie für jeden neuen Hauptpunkt eine neue Karteikarte. Führen Sie keine Sätze oder Halbsätze auf einer neuen Karte weiter (zum Umgang mit den Stichwortkarten während des Referats vgl. S. 159).

Wenn Sie nach Stichworten reden wollen, sich aber noch unsicher fühlen, können Sie folgendes tun: Sie arbeiten ein Referat Wort für Wort aus. Sie lassen dabei auf der rechten Seite des Blattes einen großen Rand, auf dem Sie Stichworte notieren. Sie können dann nach Stichworten reden, haben aber zur Sicherheit auch den ausformulierten Text vor sich, auf den Sie – wenn nötig – zurückgreifen können.

Mind Map

Ein Mind Map als Vorlage hat den großen Vorteil, daß Sie mit nur einem Blatt auskommen und das gesamte Thema stets auf einen Blick vor sich haben. Zudem enthält ein Mind Map bereits sprachliche Hilfestellungen. Ich verdeutliche das am Beispiel eines Mind Maps über diesen Abschnitt, das mir auch als Grundlage für Vorträge in meinen Seminaren dient.

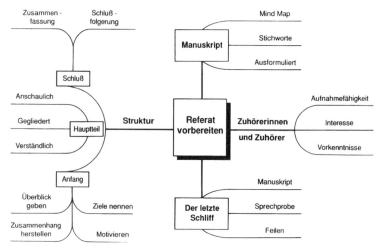

Abbildung 8: Mind Map: Referat vorbereiten (ohne den Abschnitt Medien einsetzen)

Das Bild gibt optisch die Formulierungshilfe: »Ich gehe auf vier Aspekte der Vorbereitung eines Referats ein.« Ich »sehe«, daß bei der Struktur der Schwerpunkt meiner Erläuterungen liegt. Meine Augenbewegung »sagt« mir, daß ich »zunächst auf die Berücksichtigung der Zuhörerinnen und Zuhörer eingehe«. Komme ich während des Vortrages in Zeitnot und muß deshalb einige Gesichtspunkte weglassen, sehe ich auf einen Blick, was ich auslasse und zu welchem Punkt ich springe (»Ich überspringe die Frage der Manuskriptgestaltung und komme gleich zur abschließenden Vorbereitung – dem letzten Schliff.«)

Zahlen, Daten und Zitate können auf gesonderten Blättern notiert werden, und die Abfolge des Referats läßt sich durch Zahlen kennzeichnen.

Übungstip

Das Reden nach Stichworten oder auf der Grundlage eines Mind Maps läßt sich in den eigenen vier Wänden üben. Überlegen Sie sich ein Thema, über das Sie zu Übungszwecken reden wollen. Notieren Sie dann zehn Substantive, die Ihnen zu diesem Thema einfallen. Jedes Wort wird auf einen gesonderten Zettel geschrieben.

Ein Beispiel: Das Thema lautet »Schönheitsoperationen«. Dazu werden folgende Schlagworte notiert: Risiken, Schönheitsnormen, Männer, Frauen, Wachstumsmarkt, Nutzen, Selbstbewußtsein, Anwendungsbereiche, Schönheitsindustrie, Geschichte.

Ordnen Sie dann die Substantive. Überlegen Sie kurz, mit welchem Stichwort fange ich an, welches soll dann folgen usw. Nun halten Sie eine kleine Rede zum Thema. Dabei kommt es darauf an, zu jedem Hauptwort mindestens einen Satz zu sagen. Legen Sie die zehn Zettel hintereinander, und beginnen Sie mit dem ersten Stichwort. Während Sie zu diesem Stichwort reden, schauen Sie auf das nächste und versuchen, einen Übergang zu finden.

Nehmen Sie Ihre kleine Rede auf, und achten Sie beim Abhören auf die Übergänge zwischen den einzelnen Stichwörtern. Beurteilungskriterium ist, wieweit es Ihnen gelingt, eine Rede aus »einem Guß« zu halten. Das Gegenteil hört sich etwa so an: »Die *Schönheitsindustrie* produziert Bilder von Schönheit. Nur wenige Menschen können sich diesen *Schönheitsnormen* entziehen. Vor allem *Frauen* nicht. Ihr *Selbstbewußtsein* ist oft an Schönheit gebunden. Deshalb setzen sich zunehmend mehr Frauen den *Risiken* von Schönheitsoperationen aus.«

Hier wird kurzatmig nur ein Satz zu jedem Stichwort gesprochen und die Sätze werden lediglich aneinandergereiht. Bis auf ein »deshalb« fehlen Übergänge. Üben Sie, so lange zu einem Stichwort zu reden, bis Sie einen Übergang zum nächsten Stichwort finden, der Ihre Überlegungen wirklich fortsetzt. Dazu ist es meistens erforderlich, zwei, drei oder mehr Sätze zu einem Stichwort zu sagen. Zum

Beispiel: »Schönheitsoperationen sind mit vielen *Risiken* verbunden. Die lebendige Maske Michael Jackson ist dafür ein eher harmloses Beispiel. Warum setzen sich zunehmend mehr Menschen diesen Risiken aus? *Schönheitsnormen* gab es schon immer. Warum begeben sich heute Menschen unters Messer, um ihnen zu entsprechen? Um diese Fragen zu beantworten, ist der Einfluß der *Schönheitsindustrie* zu untersuchen und nach dem Zusammenhang von *Schönheitsnormen* und *Selbstbewußtsein* zu fragen. Die Schönheitsindustrie ...«

Der letzte Schliff

Zur Vorbereitung eines Referats gehört das Probesprechen: Sprechen Sie Ihre Rede wirklich laut, und nehmen Sie sie, wenn möglich, auf. So können Sie Lücken, verunglückte Formulierungen, geschraubte Sätze, holprige Übergänge und Stockungen feststellen. Und Sie können überprüfen, wie lange Sie reden, ob Sie die möglicherweise vorgegebene Redezeit einhalten. Sie können über alles reden – aber nie länger als 45 Minuten (und auch wirklich nur dann 45 Minuten, wenn es unbedingt sein muß). Halten Sie es mit Martin Luther: »Tritt fest auf, mach's Maul auf, *hör bald auf!*«

Die Sprechprobe ist Grundlage dafür, an der Rede zu feilen, ihr den letzten Schliff zu geben. Hören und prüfen Sie, ob Sie *verständlich* und *anschaulich* sprechen.

Wenn Sie Ihr Referat geglättet haben, sollten Sie eine erneute Sprechprobe anschließen. Machen Sie sich mit Ihrem Manuskript vertraut – und schließen Sie dann die Vorbereitungen vorläufig ab. Wenn Sie noch einige Tage Zeit haben, gehen Sie Ihre Rede jeden Tag noch einmal in Gedanken durch. Versuchen Sie gleichzeitig, Abstand zu gewinnen. Schließen Sie spätestens einen halben Tag vor Ihrer Rede die Vorbereitungen endgültig ab. Gönnen Sie sich einige Stunden Entspannung.

Students little helper: Medien einsetzen

Durch den Einsatz von Medien können Sie Ihr Referat wirkungsvoll unterstützen. Mit Medien können Sie
- komplizierte Sachverhalte vereinfachen,
- komplexe Zusammenhänge veranschaulichen,
- umfangreiche Informationen komprimieren und
- die Wirkung Ihrer Argumente verstärken.

Wenn Sie Informationen visualisieren, unterstützen Sie den Lernprozeß der Zuhörerinnen und Zuhörer. Sprechen Sie nicht nur den »Lernkanal« Ohr, sondern auch das Auge an: Sie erleichtern das Behalten dessen, was Sie vortragen. »Ein Bild sagt« zwar nicht immer »mehr als tausend Worte«, aber es macht – richtig eingesetzt – Ihr Referat interessanter.

Es gibt keinen vernünftigen Grund, warum Sie nicht vom ersten Semester an bei Ihren Referaten Medien einsetzen sollten. Ich will Sie nicht für die Inszenierung von Multi-Media-Shows gewinnen. Ich gebe Ihnen Anregungen für den Umgang mit den Medien, die
- an allen Hochschulen zur Verfügung stehen,
- in jedem Seminar eingesetzt werden können,
- leicht zu bedienen sind und
- keine zeitaufwendige Vorbereitung erfordern.

Handout und Thesenpapier

Häufig sind bei einem Referat »Verständnis-Blocker« nicht zu vermeiden: Definitionen, Begriffserklärungen, Fremdwörter, Zahlen, Daten und Fakten. In diesen Fällen hilft ein sogenanntes Handout: eine Seite bis maximal drei Seiten mit
- den wichtigsten Definitionen und Begriffen,
- Namen, Zahlen, Daten, Formeln und
- Literaturhinweisen.

Solche Handreichungen sind nützliche Verständnis- und Lernhilfen; sie

- erleichtern es, sich auf Ihr Referat zu konzentrieren,
- entlasten vom Mitschreiben und
- geben die Möglichkeit zum Nachlesen.

Ein Handout sollte
- alle notwendigen Angaben enthalten (wer referiert über was in welchem Zusammenhang),
- kurz, knapp und übersichtlich sein,
- dem Aufbau Ihres Referats folgen,
- Raum für Notizen lassen.

Zur Kür gehört eine »Themen-Landkarte«, die am Anfang des Handouts steht und einen Überblick über die Struktur eines Referats gibt. Abbildung 9 zeigt am Beispiel des ersten Kapitels dieses Buches, wie eine solche Landkarte aussehen kann.

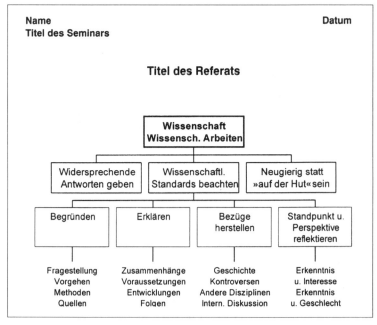

Abbildung 9: Erste Seite eines Handouts mit Themen-Landkarte

Eine andere Form des Handouts ist das Thesenpapier, das ich auf Seite 107 ff. erläutert habe. Ein Thesenpapier ist nicht faktenorientiert, sondern soll pointierte Behauptungen enthalten, die im Anschluß an ein Referat zur Diskussion anregen.

Overhead-Projektor

Der Overhead-Projektor ist – richtig genutzt – ein Medium mit vielen Vorteilen. Folien können zu Hause vorbereitet werden. Sie sind einfach zu erstellen, können kopiert und beliebig oft verwendet werden. Wenn Sie mit dem PC arbeiten, können Sie problemlos Tabellen, Grafiken, Flußdiagramme und weitere Gestaltungselemente in Ihr Textverarbeitungsprogramm einbinden. Und Sie können spezielle Präsentations-Programme einsetzen – zum Beispiel »Microsoft Powerpoint« –, die die Erstellung von übersichtlichen und anschaulichen Folien erleichtern.

Mit Folien können Sie
- Abwechslung in ein Referat bringen,
- Aufmerksamkeit wecken,
- zum Nachdenken anregen.

Voraussetzung dafür sind allerdings gute Folien und eine richtige Präsentation. Sie kennen mindestens einen Dozenten vom Typ »Folienschleuder«, der mit unzähligen Folien ermüdet. Und Sie kennen mindestens eine Dozentin, die Ihr Manuskript auf Folien überträgt und am OH-Projektor vorliest. Für den Einsatz und die Gestaltung von Folien gilt der Grundsatz: Weniger ist mehr.

Folien gestalten

Bei der Gestaltung von Folien sollten Sie einen Grundsatz und vier Regeln beachten. Der Grundsatz: Visualisieren bedeutet weder Bildchen malen noch viel Text oder nebensächliche Informationen auf Folien übertragen. Folien sollen nicht zeigen, was Sie alles wissen. Folien dienen vielmehr dazu, Informationen zu gestalten – mit Hilfe von

- Grafiken, Bildern oder Zeichnungen,
- Zeichen und Symbolen,
- Farbe und unterschiedlichen Schriften bzw. Schriftgrößen.

Fragen Sie bei der Gestaltung von Folien nicht, was Sie alles auf eine Folie packen können. Überlegen Sie vielmehr, was die Teilnehmerinnen und Teilnehmer der Folie entnehmen sollen. Und beachten Sie die folgenden vier Regeln:

Überschaubare Zahl an Informationen: Die Informationen auf einer Folie sollten auf einen Blick erfaßt werden können. Mehr als sieben Aussagen sind zuviel. Nutzen Sie deshalb maximal 60% der Folie aus. Lassen Sie an allen Seiten einen breiten Rand und genügend Abstand zwischen den Zeilen. Schreiben Sie nicht mehr als fünf bis sieben Wörter pro Zeile.

Klare Struktur: Gliedern Sie Textinformationen durch
1. Ziffern
– Spiegelstriche,
- Punkte,
⇒ Pfeile oder
♦ andere typographische Elemente.

Richtige Schriftgröße: Kein Buchstabe sollte kleiner als 5 mm sein. Wenn Sie Folien mit dem PC gestalten, wählen Sie Schriftgrößen von 18 Punkt und größer: 18 Punkt für den laufenden Text (und Bildunterschriften), 18 Punkt fett für Hervorhebungen, 24 Punkt fett für Zwischenüberschriften und 30 Punkt fett für die Hauptüberschrift.

Überlegter Umgang mit Farbe und Zeichen: Folien sollten keine bunten Bildchen sein. Bunte Folien lenken meist vom Wesentlichen ab und sind deshalb keine Verständnishilfe. Setzen Sie Farben gezielt ein zur Hervorhebung und Gliederung. Wenn Sie mehrere Farben verwenden, sollten Sie identische Sachverhalte mit denselben Farben hervorheben (zum Beispiel Rot für Wechselwirkungen, Blau für Ursache-Wirkung-Relationen). Gehen Sie auch sparsam mit typographischen Mitteln um: Je mehr Mittel eingesetzt werden, desto geringer ist ihr Aufmerksamkeitswert.

Folien einsetzen

Ein großer Vorzug von Folien ist, daß Sie während der Präsentation Blickkontakt zu den Zuhörerinnen und Zuhörern halten können. Diesen Vorzug sollten Sie auch nutzen – und nicht zur Projektionsfläche sprechen. Zeigen Sie alles, was Sie zeigen wollen, auf der Folie – und nicht auf dem projizierten Bild. Nutzen Sie dafür einen speziellen Zeigestab oder einen dünnen Stift.

Stellen oder setzen Sie sich seitlich hinter den Projektor. Achten Sie darauf, daß Sie nicht zu dicht neben dem Apparat stehen, Sie versperren sonst für einige Teilnehmerinnen und Teilnehmer die Sicht auf die Projektionsfläche. Folien sind Mittel der Veranschaulichung – keine Gedächtnisstützen. Schreiben Sie Erläuterungen zur Folie auf ein gesondertes Blatt, damit Sie nicht an der Folie »kleben« müssen und sich einen angemessenen Abstand vom Projektor erlauben können. Programme wie »Powerpoint« haben eine »Notes«-Funktion: Zu jeder Folie kann ein »Notizblatt« mit einer verkleinerten Kopie der Folie angelegt werden, auf dem Sie alle notwendigen Erläuterungen notieren können.

Machen Sie deutliche Sprechpausen beim Auflegen bzw. Wechseln der Folien. Lassen Sie jede Folie zwei bis drei Sekunden »wirken«, bevor Sie auf den Inhalt eingehen. Kontrollieren Sie die Lage der Folie auf dem Projektor und nicht auf der Projektionsfläche. Zeigen Sie eine Folie nur so lange wie Sie über ihre Inhalte sprechen. Lassen Sie den Teilnehmerinnen und Teilnehmern genügend Zeit, sich Notizen zu machen. Der Projektor sollte nur dann eingeschaltet sein, wenn Sie eine Folie zeigen. Das Ein- und Ausschalten des Projektors kann eine Gliederungshilfe sein: den Beginn bzw. Abschluß eines Themenblocks signalisieren.

Flipchart & Co

Einen Overhead-Projektor können Sie in einem Seminar mit vielen Teilnehmerinnen und Teilnehmern einsetzen. Die folgenden Medien eignen sich nicht für Seminare mit mehr als 30 Personen. Wenn Sie ein Flipchart, eine Tafel oder Wandzeitung bei Ihrem Referat einset-

7 Visualisierungs-Tips

- Das Wichtigste wird am größten dargestellt.
- Die wichtigsten Aussagen in die Mitte.
- Bekannte Zeichen & Symbole verwenden.
- Mit einem Rahmen eine geschlossene Einheit herstellen.
- Eine lesbare Schrift (-Größe) wählen.
- Farben bewußt einsetzen.
- Sparsam mit typographischen Mitteln umgehen.

Abbildung 10: Beispiel für eine Text-Folie

zen, sollten Sie die Hinweise für die Gestaltung von OH-Folien beachten und folgende Besonderheiten berücksichtigen:

Flipchart

»Papiertafeln« haben den Vorzug, daß die DIN-A-0-Blätter zu Hause vorbereitet werden können. Farbige Filzstifte ermöglichen eine kontrastreiche Gestaltung, die Sie um Bilder und Abbildungen aus Büchern und Zeitschriften ergänzen können. Die Bilder bzw. Abbildungen müssen mindestens das Format DIN-A-4 haben. Das heißt: In vielen Fällen müssen Sie die Vorlage mit einem Kopierer vergrößern.

Eine gut lesbare Handschrift ist das A und O bei der Arbeit mit Flipcharts. Liniertes Flipchart-Papier erleichtert die Seiten-Gestaltung. Wenn Sie ein Flipchart einsetzen, sollten Sie darauf achten, daß Sie
- neben und nicht vor dem Flipchart stehen,
- immer zu den Zuhörerinnen und Zuhörern sprechen,
- aufhören zu sprechen, wenn Sie etwas auf das Flipchart-Papier schreiben,
- Blätter, deren Inhalt behandelt ist, umschlagen und nicht abreißen.

Sie können sich auf jedem Flipchart-Blatt mit dem Bleistift – nur für Sie sichtbare – Notizen machen. Und Sie können einzelne Blätter – zum Beispiel eine »Themen-Landkarte« – an die Wand heften, so daß bestimmte Informationen beständig präsent sind.

Wandzeitung und Poster

Sie sind nicht an ein Flipchart gebunden, wenn Sie Ihr Referat auf Papier visualisieren möchten: Sie können aus Packpapier oder Rauhfaser-Tapete Wandzeitungen bzw. Poster herstellen. Allerdings sollten Sie stets prüfen, wo Sie diese Medien aufhängen können. Achten Sie darauf, daß Wandzeitungen bzw. Poster nur dort hängen, wo sie alle Teilnehmerinnen und Teilnehmer von ihrem Platz ohne Verrenkungen sehen können.

Tafel

Ein gutes Tafelbild ist eine Kunst, die nur wenige beherrschen. Das erleben Sie täglich in (fast) jedem Hörsaal. Wenn Sie sich der Herausforderung stellen wollen, Ihr Referatthema schrittweise an der Tafel »ins Bild zu setzen«, sollten Sie bereits zu Hause dieses Bild entwerfen, damit es im Seminar gelingt. Vermeiden Sie auf jeden Fall, daß Sie längere Zeit damit beschäftigt sind, etwas zu zeichnen oder zu notieren – denn dann haben Sie nur die Wahl zwischen zwei Übeln: Entweder Sie sprechen zur Tafel oder Sie müssen eine längere Schweigephase hinnehmen.

Noch drei Tips, die Sie beim Einsatz einer Tafel beachten sollten:
- Putzen Sie die Tafel von oben nach unten,
- brechen Sie neue Kreidestücke in der Mitte durch, damit Ihnen die Kreide beim Schreiben nicht abbricht,
- denken Sie daran, daß Kreide die Hände schmutzig macht (und fahren Sie sich weder durch den Bart noch über den Rock).

---

4 Tips für eine lesbare Handschrift

- **Groß- und Kleinbuchstaben**
  statt NUR GROSSBUCHSTABEN
- **Nüchterne Druckschrift**
  statt *schnörkelreiche Schrift*
- **Eher eng schreiben**
  statt w e i t   a u s e i n a n d e r
- **Sparsam in Ober- und Unterlängen**

Ansprechen statt einschläfern: Ein Referat halten

Ein Referat oder einen Vortrag halten – das ist nicht nur für Studentinnen und Studenten eine schwierige Redesituation, mit der viele Befürchtungen verknüpft sind: *Mir fehlt die Erfahrung. Ich werde doch so schnell rot. Ich rede viel zu leise (schnell). Ich bleibe garantiert stecken. Mir verunglückt bestimmt jeder zweite Satz.*

Wie kann aus Redeangst ganz gewöhnliches Lampenfieber werden? Was ist notwendig, damit die Aufregung vor dem »Auftritt« ein erträgliches und kalkulierbares Maß annimmt? Was ist während eines Referats zu beachten? Wohin schauen beim Referieren und was tun, wenn der »Faden reißt«? Darum geht es in diesem Abschnitt.

Lampenfieber: Was tun?

Viele Menschen fühlen sich vor einer Rede bzw. einem Referat unsicher – und fast alle glauben, sie seien die einzigen, denen es so geht: Das Herz schlägt höher (»bis zum Halse«), der Blutdruck steigt, im Magen stellt sich ein »flaues« Gefühl ein, die Atemwege werden trocken (»Kloß im Hals«), Schweiß bricht aus.

Was passiert da eigentlich im Körper? In Streßsituationen schicken Drüsenzellen blitzschnell viel mehr Adrenalin und Noradrenalin in den Blutkreislauf als sonst. Diese Hormone ermöglichen dem Körper schlagartig Höchstleistungen. Zugleich schränken sie die Denkfähigkeit ein. Für die Selbsterhaltung der meisten Lebewesen ist dieser Vorgang biologisch sinnvoll. Adrenalin und Noradrenalin werden in Gefahrensituationen ausgeschüttet und führen dazu, daß der Körper sich sofort auf Flucht oder Verteidigung einstellt. Die Maus, die erst lange »überlegt«, wie sie sich gegenüber der nahenden Katze verhalten soll, wird gefressen.

Vor anderen zu reden ist keine körperliche Bedrohung. Trotzdem stellt sich die geschilderte Reaktion häufig ein (und manche möchten am liebsten fortlaufen). Diese Reaktion ist nur bedingt steuerbar. Und sie ist nicht in der Redesituation selbst begründet. Ein Referat halten ist nicht bedrohlich. Wir *bewerten* die Situation so – und die geschilderten körperlichen Symptome stellen sich ein. Was tun?

Sich trauen statt sich einschüchtern lassen

Paul Watzlawick gibt allen, die unglücklich werden oder bleiben möchten, folgenden Ratschlag: Verewigen Sie ein Problem, indem Sie ein vermeintliches Problem zu vermeiden suchen. Er illustriert diese Maxime mit folgender Geschichte: Ein Mann steht auf der Straße und klatscht alle zehn Sekunden in die Hände. Nach dem Grund für dieses Verhalten gefragt, antwortet er: »Um die Elefanten zu verscheuchen.« Auf den Einwand, »aber hier sind doch keine Elefanten«, entgegnet er: »Na, also! Sehen Sie?« – und klatscht weiter in die Hände. (S. 51 f.)

Ich übertrage die Geschichte von den »verscheuchten Elefanten« auf einen Studenten: Peter, 3. Semester Sozialwissenschaften, vermeidet es, Referate zu übernehmen – und ist mit sich unzufrieden. Er ärgert sich über sein Verhalten. Eigentlich würde er gerne Referate übernehmen. Doch Peter befürchtet, sich zu blamieren, zum Gespött seiner Kommilitoninnen und Kommilitonen zu werden. Deshalb drückt er sich vor dem Referieren und vor der Überprüfung, ob das, was er befürchtet, auch tatsächlich eintritt. Um ein vermeintliches Problem (die »Blamage« beim Referieren) zu vermeiden, verewigt er sein Problem – und bleibt mit sich unzufrieden. Es entsteht ein Teufelskreis.

Was hält dieses Karussell in Schwung? Es sind vor allem *selbst* gesetzte Anforderungen:
- Ich darf nicht rot werden.
- Mir darf kein Satz verunglücken.
- Ich muß perfekt sein.

Dies sind keine Anforderungen, die in Prüfungs- oder Studienordnungen gestellt werden, sondern hausgemachte Vorschriften. Durch eine – zunächst – gedankliche Überprüfung der Realität können diese Zwangsvorschriften aufgehoben werden:
- Was wird tatsächlich von mir verlangt?
- Wie reagieren Lehrende und Studierende auf Schwächen?

Verlangt wird ein strukturiertes Referat – und kein perfekter »Auftritt«. Verlangt wird ein verständliches Referat – und kein rhetorisches Feuerwerk. Verlangt wird Sachkenntnis – und keine Perfektion.

Die Zuhörerinnen und Zuhörer sind nicht »perfekt« und erwarten auch von dem oder der Referierenden keine Glanzleistung. Niemand kichert, wenn einer Studentin ein Satz verunglückt oder ein Student rot wird. Von den Dozentinnen und Dozenten kommen allenfalls Hinweise auf sachliche Fehler. Und alle Studierenden haben das Recht, solche Fehler zu machen.

Auch die beiden folgenden Annahmen sollten überprüft werden:
- Wenn ich ein Referat halte, geht das schief.
- Wenn es schiefgeht, kann ich die Konsequenzen nicht aushalten.

»Eine Reise über tausend Kilométer beginnt mit dem ersten Schritt«, lautet ein chinesisches Sprichwort. Ein erster – entscheidender –

Schritt auf dem Weg von der Angst zur gewöhnlichen Aufregung vor einem Referat besteht darin, diese Annahmen zu relativieren:
- Wenn ich ein Referat halte, geht das nicht notwendig schief, sondern es kann auch gut ausgehen.
- Wenn mir zwei Sätze verunglücken, wenn ich hängenbleibe und am Anfang rot werde, geht die Welt nicht unter. Mit diesen Schwächen werde ich fertig.

Einsichten in Handeln umzusetzen, ist nicht leicht. Innere Widerstände müssen überwunden werden. Das kostet Kraft und Anstrengung. Wenn Sie sich mit Redeangst plagen, können die folgenden Fragen eine Entscheidungshilfe sein, ob es lohnt, Energien zu investieren und sich auf Erfahrungen mit Referaten einzulassen:
- Hilft mir mein Vermeidungsverhalten, meine Ziele zu erreichen?
- Welche Vorteile habe ich, wenn ich keine Referate übernehme?
- Welche Nachteile nehme ich in Kauf?
- Sind die Vorteile größer oder die Nachteile?
- Trägt mein Verhalten dazu bei, daß ich mich so fühle, wie ich mich fühlen möchte?

Nicht zuviel von sich verlangen

Wenn Sie vor einer Rede einige der geschilderten körperlichen Reaktionen registrieren, nehmen Sie sie hin. Akzeptieren Sie diese Reaktionen als das, was sie sind: Anzeichen für Streß. Verlangen Sie *in der Situation* nicht zuviel von sich; verlangen Sie nicht, daß Sie sich wohlfühlen. Dieser Zustand läßt sich nicht herbeizaubern. Er ist Ergebnis von Übung und Erfahrung. Konzentrieren Sie deshalb Ihre Energien auf Ihr Referat. Und machen Sie sich bewußt, daß die Zuhörenden nicht in Ihr Innenleben schauen können. Die anderen sehen nicht, daß Ihr Blutdruck steigt, daß Ihnen »das Herz bis zum Halse schlägt«; sie hören auch in den meisten Fällen nicht Ihre Stimme »zittern« (wir hören uns anders reden – mit dem »Innenohr« – als die anderen, die unsere Stimme mit dem »Außenohr« aufnehmen).

Was können Sie noch tun? Sich gut vorbereiten, nicht auf die letzte Minute erscheinen, sondern sich mit dem Raum und der Technik vertraut machen; langsam und tief durchatmen – und dann reden.

Anfang und Ende, Gestik und Mimik: Referieren

Der Anfang

Jede Oper hat eine Ouvertüre, die einstimmt. Sie sollten Ihre Zuhörerinnen und Zuhörer auf Ihr Referat einstimmen. Legen Sie sich Ihr Manuskript bzw. Ihre Stichwortkarten zurecht. Nehmen Sie Blickkontakt zu den Zuhörenden auf, und warten Sie, bis Ruhe eingetreten ist. Beginnen Sie langsam, laut und deutlich.

Weiter vorne habe ich Hinweise gegeben, was einen guten Einstieg ausmacht (S. 133 ff.). An dieser Stelle kann ich mich daher auf eine Warnung konzentrieren: Fangen Sie nicht mit einer Entschuldigung oder Drohung an.

Entschuldigung:
- Meine Vorbereitungszeit war so kurz, daß ich nur ...
- Ich bin zwar keine gute Rednerin, ich will aber trotzdem ...
- Mir war es leider nicht möglich, ...

Drohung:
- Ich kann euch leider einige Ausführungen über ... nicht ersparen.
- Mein Thema ist zwar außerordentlich kompliziert, ...
- Ich muß eine Reihe von Details erläutern, da ...

Machen Sie sich und Ihr Referat nicht vorab schlecht. Und kommen Sie gleich zur Sache.

Während der Rede

Blickkontakt

Halten Sie Blickkontakt mit den Zuhörenden. Schauen Sie nicht an die Decke, in einen entlegenen Winkel im Raum oder ständig auf Ihr Manuskript. Es kann sehr hilfreich sein, am Anfang den Blickkontakt mit einer Freundin oder einem Freund zu suchen, allgemeiner: zu freundlichen Menschen. Es gibt nie nur grimmige Zuhörerinnen und

Zuhörer, sondern immer die eine oder den anderen, die oder der Sie freundlich anschaut oder zustimmend nickt.

Sprechen Sie vor mehr als vierzig Personen, schauen Sie erst links eine Zuhörerin oder einen Zuhörer an. Gehen Sie dann mit Ihrem Blick langsam zu einer Person in der Mitte und dann weiter nach rechts. Richten Sie Ihren Blick von dort, um einige Personen versetzt, wieder zurück zur Mitte und dann nach links – usw.

Manuskript

Ein Manuskript oder Stichwortkarten sind keine Schande, sondern ein legitimes Hilfsmittel, das Sie nicht zu verstecken brauchen. Legen Sie die Karten vor sich auf den Tisch. Sprechen Sie im Stehen ohne Pult, nehmen Sie die Karte in eine Hand und winkeln den Arm so an, daß Sie Ihre Notizen lesen können. Achten Sie in diesem Falle beim Gestikulieren darauf, daß Sie nicht mit den Karten »wedeln«. Legen Sie die Karteikarten bzw. Blätter, die abgehandelt sind, zur Seite oder schieben Sie sie hinter die anderen.

Körperhaltung

Wenn Sie *sitzen*: Rutschen Sie mit dem Hintern bis an die Rückenlehne und lehnen Sie sich an. Stellen Sie beide Füße fest auf den Boden. (Hinweis für kleine Menschen: Rutschen Sie so weit vor, daß Sie Ihre Füße fest auf den Boden stellen können.) Rücken Sie den Stuhl so nahe an den Tisch ran, daß Sie die Unterarme auf den Tisch legen können. So können Sie problemlos Ihre Ausführungen mit Gesten unterstreichen. Bleiben die Hände unter dem Tisch,
- sinken Ihre Schultern nach vorne,
- machen Sie sich kleiner und
- Sie sitzen nicht mehr gerade.

Wenn Sie *stehen*: Stehen Sie mit beiden Beinen fest auf dem Boden, das Körpergewicht gleichmäßig verteilt. Nehmen Sie die Schultern nach hinten, ziehen Sie die Schultern nicht hoch, halten Sie den Rücken gerade und den Kopf erhoben.

Gestik

Unterstreichen Sie – sparsam – das, was Sie sagen, mit den Händen. Das wird erschwert, wenn Sie
- die Arme hinter dem Rücken oder in Brusthöhe verschränken,
- die Hände falten,
- die Hände in die Taille stützen,
- einen Stift oder ähnliches hin und her drehen,
- sich am Manuskript festhalten,
- sich am Pult festklammern,
- sich mit den Händen auf das Pult stützen.

Wohin mit Armen und Händen? Auf den Tisch, wenn Sie sitzen. Wenn Sie stehen: Winkeln Sie einen Arm an, und lassen Sie den anderen locker herunterhängen. Sie werden die Erfahrung machen: nach einiger Zeit beginnen Sie ganz automatisch, Ihre Rede mit Gesten zu unterstreichen. Wenn Sie in der Hand des angewinkelten Arms eine Redevorlage haben, wird der andere Arm diese Funktion übernehmen.

Stehen Sie hinter einem Pult, kann es schwieriger werden. Oft sind Redepulte so hoch, daß gerade noch der Oberkörper zu sehen ist. Verzichten Sie auf Gestik, wenn Sie dafür die Arme sehr weit nach oben nehmen müßten. Ist das Pult nicht zu hoch, empfehle ich die gleiche Arm- und Handhaltung wie beim freien Stehen. In jedem Falle sollten Sie nicht zu nahe am Pult stehen.

Studieren Sie keine Gesten ein. Gestik muß von innen heraus kommen. Sie stellt sich auch ein – wenn *Sie* das, was Sie vortragen, für wichtig halten, wenn *Sie* überzeugt sind von dem, was Sie sagen. Versuchen Sie keine Effekte zu erzielen, die nicht Ihrem Wesen entsprechen.

Nach meinen Erfahrungen geht es für viele Studentinnen und Studenten nicht darum, Gestik zu lernen, sondern darum, sich überhaupt Gestik zu gestatten, Gesten zuzulassen, eine raumgreifende Körperhaltung einzunehmen. Beanspruchen Sie Raum. Dann müssen Sie nicht mehr viel über Gestik und Körperhaltung lernen.

Sie schmälern die Bedeutung Ihres Referats, wenn Sie mit den Schultern zucken oder den Kopf schräg halten. Das signalisiert: Ich habe es nicht wirklich ernst gemeint; ich weiß es selbst nicht genau; ich bin auf Zustimmung angewiesen; ich bin unsicher. Schließlich sollten Sie vermeiden, Haarsträhnen zu drehen, sich durch die Haare oder über das Gesicht zu fahren.

Mimik

Wenn Sie während einer Rede mit sich und der Situation zufrieden sind, lächeln Sie. Wenn Sie einen Witz erzählen, lachen Sie (aber nicht schon vor dem Witz). Wenn Sie über ein lustiges Thema berichten, bringen Sie Heiterkeit zum Ausdruck. Aber nur dann! Lächeln Sie nicht, wenn Ihnen nicht danach zumute ist. Es kommt nur ein Verlegenheitslächeln dabei heraus. Sie schmälern damit die Wirkung Ihrer Aussage (ist wohl nicht so ernst gemeint).

Pausen

Sprechen Sie nicht zu schnell. Etwa 100 Wörter in der Minute sind angemessen. Wenn Sie in Eifer geraten, können es auch 120 sein. Mehr sind zuviel
- für die Zuhörerinnen und Zuhörer: Sie können nicht mehr folgen;
- für die Sprecherin oder den Sprecher: Nach einiger Zeit wird sich Atemnot einstellen.

Reden Sie nicht »ohne Punkt und Komma«. Machen Sie Pausen. Pausen sind
- ein rhetorisches Mittel: Lassen Sie eine wichtige Aussage oder Frage wirken, indem Sie eine kurze Pause anschließen;
- ein Gliederungsmittel: Signalisieren Sie nach jedem Hauptgedanken durch eine Pause, daß eine neue Überlegung folgt;
- eine Wohltat für Sie und die Zuhörerinnen und Zuhörer: Sie geben Gelegenheit, Luft zu holen und nachzudenken.

Schließlich sind Pausen wichtig, um sich zu sammeln und bei Aufregung ruhiger zu werden.

Gliedernde Zwischenbemerkungen

Ihre Zuhörerinnen und Zuhörer werden Ihnen dankbar sein, wenn Sie ihnen sprachliche Hinweise geben, die es erleichtern, Ihnen zu folgen. Machen Sie deshalb den Aufbau Ihrer Rede transparent, sagen Sie, wo Sie gerade sind und wie es weitergeht (siehe S. 137).

Der Schluß

Alles hat ein Ende. Nur viele Referate haben zwei. Zunächst: Der Schluß muß wirklich der Schluß sein. Viele Rednerinnen und Redner kündigen an, daß sie »nun zum Ende kommen« – und reden unverdrossen eine Viertelstunde weiter.

»Kündige den Schluß deiner Rede lange vorher an, damit die Hörer vor Freude nicht einen Schlaganfall bekommen ... Kündige den Schluß an, und dann beginne deine Rede von vorn und rede noch eine halbe Stunde. Das kann man mehrere Male wiederholen.« (Tucholsky Bd. 8, S. 292)

Halten Sie Ihre Schlußformulierungen schriftlich fest. Verlassen Sie sich nicht darauf, daß Ihnen schon ein guter Schluß einfallen wird. Oft kommt dann nicht mehr heraus als:
- Ich danke euch für eure Aufmerksamkeit.
- Ja, das war eigentlich schon das Wichtigste. Vielen Dank für die Aufmerksamkeit.
- Nun habe ich eure Geduld schon genug strapaziert.
- Ich habe leider vieles nur anreißen können.

Lassen Sie Ihren Schluß wirken. Schieben Sie nichts nach – vor allem keine Entschuldigung und keine Floskeln. Legen Sie nach dem letzten Satz eine »Wirkungspause« ein. Schauen Sie die Zuhörerinnen und Zuhörer an, und gehen Sie – wenn Sie an einem Redepult oder einer anderen exponierten Stelle gesprochen haben – langsam und in gerader Haltung zu Ihrem Platz.

K(l)ein(e) Unglück(e): Was tun, wenn ...?

... Sie rot werden? Akzeptieren Sie es! Gelingt es Ihnen, das Rotwerden nicht so wichtig zu nehmen, verringert sich dieses Problem mit der Zeit deutlich. Fragen Sie, wenn Sie meinen, Sie hätten mit einem roten Kopf referiert, einen Freund oder eine Freundin, ob er oder sie das bemerkt hat. Häufig täuscht der eigene Eindruck. Sie haben das Gefühl, Ihr Kopf glüht, doch die anderen nehmen allenfalls ein leichtes Erröten wahr.

... Sie zu leise reden? Dagegen gibt es nur ein Mittel: üben, lauter zu reden. Achten Sie auf eine angemessene Lautstärke und darauf, daß Ihre Stimme am Ende eines Satzes weder fragend höher wird noch abfällt, leiser wird. Sie nehmen sonst Ihrer Aussage die Kraft und Wirkung.

... Sie Dialekt sprechen? Freuen Sie sich! Meist wirkt eine Dialektfärbung sympathisch. Ein Dialekt stört nur dann, wenn er die Verständlichkeit beeinträchtigt.

... Ihnen ein Satz verunglückt? Niemand spricht fehlerfrei. Beenden Sie einen Satz mit kleinen Verstößen gegen die Grammatik, ist das kein Drama. Niemand unterstellt Ihnen, Sie könnten kein richtiges Deutsch. Sofern problemlos zu verstehen ist, was Sie meinen, sprechen Sie einfach weiter. Sie können auch (ohne Entschuldigung) das entsprechende Wort verbessern. Kommen Sie mit Ihrem Satz überhaupt nicht mehr klar, brechen Sie ab und fangen ihn neu an. Sie können schlicht sagen:»Ich beginne den Satz noch mal neu.« Sie können auch ein bißchen bluffen:
- Ich möchte es besser formulieren.
- Präziser ausgedrückt ...
- Genauer gesagt ...

Wenn Sie solche Formulierungen häufiger verwenden, wird der Bluff allerdings durchschaut. Beugen Sie lieber vor, formulieren Sie kurze Sätze.

... Sie sich versprechen? Gehen Sie über kleine Versprecher, die den Sinn Ihrer Aussage nicht entstellen, einfach hinweg. Nobody is perfect. Wird der Sinn entstellt, korrigieren Sie sich ohne Entschuldigung: »Ich meine natürlich nicht soziologisch, sondern psychologisch.«

... Ihnen das treffende Wort fehlt? Das ist eine normale Erscheinung bei einer freien Rede. Setzen Sie mit einer Umschreibung oder einem anderen treffenden Wort Ihr Referat fort. Gelingt Ihnen das nicht, sagen Sie: »Mir fehlt der treffende Begriff.« Sie werden sehen, Sie bekommen Hilfe von den Zuhörenden – und haben aus der »Not« eine Dialogsituation gemacht, Ihr Publikum aktiviert. Sie können es auch »eleganter« sagen: »Wie kann ich es treffend formulieren?« – und sich so eine Denkpause verschaffen.

... Sie den roten Faden verlieren? Auch das ist keine Katastrophe. Die Zuhörenden wissen nicht, was Sie als nächstes sagen wollen. Und sie registrieren auch nicht jeden kleinen Fehler im Ablauf der Rede. Ist Ihnen der Faden gerissen, entsteht eine kleine Pause. Nur Sie wissen, daß diese Pause deshalb eintritt, weil Sie steckengeblieben sind. Schauen Sie auf Ihrem Manuskript bzw. Ihren Stichwortkarten nach, wie es weitergeht. Suchen Sie in aller Ruhe die Anschlußstelle. Sie blamieren sich nicht. Es ist durchaus üblich, und so wird es auch von den Zuhörenden registriert, nach einer gewissen Zeit der freien Rede einen Blick auf die Vorlage zu werfen, um sich zu vergewissern, was als nächstes angesprochen werden soll.

Ein anderes Mittel, den Anschluß wieder zu finden, sind (Zwischen-)Zusammenfassungen oder Wiederholungen dessen, was Sie zuletzt gesagt haben:
- Ich möchte diesen Punkt kurz zusammenfassen.
- Ich wiederhole kurz ...
- Ich möchte noch einmal betonen ...

Sie können sich auch vergewissern, ob die Zuhörenden Fragen haben: »Habt ihr, bevor ich zum nächsten Punkt komme, noch Fragen?«

... Sie etwas vergessen haben? Die Zuhörerinnen und Zuhörer, ich wiederhole es, wissen nicht, was Sie alles sagen wollten. Ihnen fällt also auch nicht auf, wenn Sie etwas weggelassen haben. Wenn Sie ein zentrales Argument, eine für Ihre Argumentation wichtige Passage übersprungen haben, tragen Sie diesen Punkt bei passender Gelegenheit nach:
- Ein wichtiger Gesichtspunkt fehlt noch ...
- In diesem Zusammenhang ist zu ergänzen ...
- Dabei ist allerdings zu berücksichtigen, und das habe ich bisher noch nicht getan, daß ...

Es war mir ein Vergnügen: Diskussion

Während Ihres Studiums müssen Sie eine Reihe von Leistungsnachweisen erbringen. Sie müssen viel lesen, Hausarbeiten oder andere Texte schreiben. Und Sie kommen in der Regel auch nicht darum herum, Referate zu halten. An Diskussionen müssen Sie sich jedoch, anders als in der Schule, nicht beteiligen. Deshalb können Sie diesen Abschnitt als fakultative Zusatzlektüre ansehen.

Ich gehe auf Diskussionen aus vier Gründen ein:
1. Wissenschaft lebt von Kontroversen und entwickelt sich im Meinungsstreit. Diskussionen, der Austausch von Argumenten und Streit um Meinungen, sind daher ein wichtiges Mittel für den Erkenntnisgewinn. Diskussionen haben gegenüber der bloßen Rezeption von Wissen den Vorteil, daß ein breiteres Spektrum von Perspektiven deutlich werden kann, aus denen sich ein Problem betrachten läßt.
2. Wissenschaftliches Arbeiten lernen heißt vor allem: Einsichten in Zusammenhänge gewinnen. Ob Einsichten (statt Wissenshäppchen) gewonnen wurden, läßt sich am besten im Gespräch, im Meinungsstreit prüfen. Der Lernerfolg ist entschieden größer, wenn Erkenntnisse nicht nur nachvollzogen, sondern mitvollzogen und in Diskussionen erprobt und angewandt werden. Diskussionen können Denkroutinen aufbrechen.

3. Argumentationsfähigkeit ist eine zentrale berufliche Anforderung an Akademikerinnen und Akademiker. Diskussionen sind das Medium, diese Fähigkeit zu lernen. Diskussionen sind zudem der »Ort«, eine zweite berufsrelevante Qualifikation zu erwerben: Teamarbeit.
4. Nur wenige Studentinnen und Studenten fühlen sich wohl in der Rolle des »stillen Mäuschens«. Aber viele haben mit folgendem Problem zu kämpfen: Sie legen sich im Kopf die Argumente zurecht, die sie in die Diskussion einbringen wollen – und sagen nichts. Nach einiger Zeit tritt das anfängliche Interesse am Thema in den Hintergrund. Anspannung stellt sich ein. Man beschäftigt sich in erster Linie mit sich selbst: beobachtet das eigene Verhalten, denkt darüber nach, was wohl die anderen darüber denken, daß man bisher noch nichts gesagt hat. Und es fällt immer schwerer, in die Diskussion hineinzukommen.

Ich gehe – unter dem Motto: lieber mehr im Seminar beteiligen als weniger vom Leben haben – auf drei Aspekte ein:
• aktive und kontinuierliche Beteiligung an Diskussionen,
• sich in einer Diskussion behaupten,
• eine Diskussion leiten.

Engagiert statt frustriert:
Sich an Diskussionen beteiligen

Wie können Sie den Einstieg in eine Diskussion finden, und wie können Sie strukturiert argumentieren? Ich zeige Ihnen Einstiegswege und stelle Ihnen »Baupläne« vor, mit deren Hilfe Sie Ihren Argumenten eine Struktur geben können.

Der Einstieg

Eine Diskussion ist mehr als die Summe einzelner Meinungsäußerungen oder Lösungsvorschläge. Diskussionen haben einen Inhalt, über den diskutiert wird, und Diskussionen sind ein Prozeß, der von den

Beteiligten bewußt oder unbewußt gesteuert wird. Auf beide Dimensionen, auf *was* und *wie* diskutiert wird, können Sie Einfluß nehmen.

Je früher Sie etwas sagen, desto geringer ist die Gefahr, daß Sie den Einstieg verpassen, und desto nachhaltiger können Sie das Klima und Niveau einer Diskussion beeinflussen. Beginnt zum Beispiel die Diskussion mit drei oder vier kurzen Beiträgen, werden alle die ermuntert sich zu beteiligen, die keine routinierten Rednerinnen und Redner sind.

Sie haben folgende Möglichkeiten, in eine Diskussion einzusteigen:
- Vorschläge zum Vorgehen machen:
  Beteiligen Sie sich bereits am Beginn einer Diskussion. Machen Sie Vorschläge, wie vorgegangen, in welcher Reihenfolge die einzelnen Aspekte des Themas behandelt werden sollten.
- Den Diskussionsverlauf ansprechen:
  Melden Sie sich zu Wort, wenn Sie den Eindruck haben, daß nicht mehr über das vereinbarte Thema oder Problem gesprochen wird. Schlagen Sie vor, zum Thema bzw. Problem zurückzukommen.
- Zusammenfassen:
  Greifen Sie strukturierend in die Diskussion ein, indem Sie Meinungen zusammenfassen und auf Unterschiede und Gemeinsamkeiten hinweisen.
- Argumente weiterentwickeln:
  Knüpfen Sie an bereits vorgetragene Argumente an und entwickeln Sie diese weiter oder verbinden Sie Standpunkte.
- Zustimmung oder Ablehnung äußern:
  Teilen Sie den anderen mit, wenn Sie einer Auffassung (nicht) zustimmen. Sagen Sie, ob und warum Sie dieser Auffassung insgesamt oder nur zum Teil (nicht) zustimmen.
- Fragen stellen:
  Halten Sie sich nicht zurück, wenn Sie etwas nicht verstehen. Fragen Sie. Verständnisfragen sind kein Zeichen für fehlendes Wissen, sondern machen deutlich, daß Sie mitgedacht haben. Wenn Sie bei unverständlichen Diskussionsbeiträgen fragen, was gemeint ist, können Sie sicher sein, daß Sie auch im Interesse der anderen Teilnehmerinnen und Teilnehmer handeln.
- Informationen und Schlußfolgerungen prüfen:
  Weisen Sie darauf hin, wenn Sie den Eindruck haben, daß Informa-

tionen unvollständig oder nicht korrekt sind. Greifen Sie ein, wenn Sie die Schlußfolgerungen nicht nachvollziehen können, oder wenn die Schlußfolgerungen nicht schlüssig und folgerichtig sind.
- Konsequenzen abwägen:
Gehen Sie darauf ein, welche praktischen Konsequenzen sich aus Diskussionsbeiträgen ergeben. Wägen Sie ab, ob alle Vor- und Nachteile bedacht wurden.
- Die Machbarkeit von Vorschlägen prüfen:
Nehmen Sie dazu Stellung, ob und wie Vorschläge umgesetzt werden können. Prüfen Sie, ob die dafür erforderlichen Voraussetzungen gegeben sind.

Strukturiert argumentieren

Sachkenntnisse sind Voraussetzung für gute Argumente. Gute Argumente allein machen jedoch noch keinen guten Diskussionsbeitrag aus. Wichtig ist, dem Diskussions- bzw. Redebeitrag eine Struktur zu geben. Strukturiertes Argumentieren
- hilft, in einer Diskussion bestimmt und selbstsicher aufzutreten,
- verhindert, daß Sie Ihren Beitrag zerreden,
- hilft Ihnen, nur so lange wie nötig und so kurz wie möglich zu sprechen – und das heißt: sich mit prägnanten Beiträgen an einer Diskussion zu beteiligen.

Zentrale Voraussetzung für strukturiertes Argumentieren ist Klarheit über den Zweck, das Ziel eines Diskussionsbeitrags. Viele Studentinnen und Studenten reden deshalb weitschweifig oder haarscharf am Thema vorbei, weil sie nicht vom Zweck bzw. Ziel ihres Diskussionsbeitrags her denken. Ich erlebe häufig folgende Situation: Studierende, denen die Übung fehlt, verwenden sehr viel Energie darauf, sich den ersten Satz zurechtzulegen, mit dem sie ihren Beitrag beginnen wollen. Das Ergebnis: Wenn sie zu Wort kommen, nimmt der wohlüberlegt vorformulierte erste Satz keinen Bezug auf den aktuellen Diskussionsverlauf. Er ist also nicht mehr situationsangemessen. Zum anderen fehlt der Argumentation eine klare Struktur, weil sie nicht vom Zweck bzw. Ziel des Redebeitrags her aufgebaut wurde.

Überlegen Sie deshalb zunächst: Was will ich erreichen? Will ich mich für eine Problemlösung, einen Vorschlag, eine Forderung einsetzen? Oder will ich einen Standpunkt begründen? Wenn Sie darüber Klarheit haben, verfügen Sie über den entscheidenden Ausgangs- und Bezugspunkt für eine strukturierte Argumentation.

Konzentrieren Sie sich dann auf die Begründung. Was spricht dafür? Welche Argumente und Beispiele stützen mein Anliegen, meine Forderung oder meinen Standpunkt? Überlegen Sie erst zum Schluß, kurz bevor Sie reden, wie kann ich an die bisherige Diskussion anknüpfen, situationsangemessen beginnen? Ich empfehle also folgenden Denkplan:

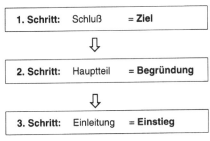

Abbildung 11: Denkplan

Am Anfang Ihrer *Überlegungen* sollte das Ziel Ihres Diskussionsbeitrags stehen und am Ende Ihrer Überlegungen der Beginn Ihres Beitrags. Umgekehrt steht am Anfang des *Diskussionsbeitrags* der Einstieg und am Ende der Zweck- bzw. Zielsatz. Das ergibt folgenden Redeverlauf:

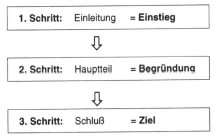

Abbildung 12: Redeverlauf

Die Struktur des Hauptteils ergibt sich aus dem Ziel eines Redebeitrags. Ich unterscheide zwischen Beiträgen, die von einer Problemlösung bzw. einem Vorschlag überzeugen sollen, und Diskussionsbeiträgen, die einen Standpunkt begründen.

Problemlösung

Steht eine Problemlösung, ein Vorschlag im Vordergrund, bietet sich für den Hauptteil folgende Argumentationsstruktur an:
- Situationsbeschreibung: Wie ist der augenblickliche Zustand? Wie war die Situation bisher?
- Perspektive: Wie sollte es sein? Welcher Zustand soll erreicht werden? Wie sieht eine bessere Situation aus?
- Lösungsmöglichkeiten: Wie kann das Ziel erreicht werden?

Die gesamte Argumentation hat dann folgende Struktur:

Denkplan	Argumentation	Redeverlauf
3. Schritt: Einstieg ⇧	**Einleitung** Zum Hauptteil hinführender Einstieg	**1. Schritt:** Einstieg ⇩
2. Schritt: Begründung ⇧	**Hauptteil** • Situationsbeschreibung: Was war, was ist? • Perspektive: Wie sollte es sein? • Lösungsmöglichkeiten: Wie ist das zu erreichen?	**2. Schritt:** Begründung ⇩
1. Schritt: Ziel	**Schluß** Problemlösung, Vorschlag: Das ist zu tun. So soll vorgegangen werden.	**3. Schritt:** Ziel

Abbildung 13: Argumentationsstruktur Problemlösung

Ein Beispiel für den Redeverlauf:

Einleitung
»Wir sind uns im Seminar einerseits alle einig, daß Diskussionen eine wichtige Arbeitsform sind. Anderseits sind alle mit dem Verlauf und den Ergebnissen unserer Diskussionen unzufrieden.«

Hauptteil
- Situationsbeschreibung: »Meist gelingt der Einstieg in die Diskussion nicht, der Diskussionsverlauf ist unstrukturiert und in der Regel fehlen Zusammenfassungen. Oft ist nach einiger Zeit das Klima in der Gruppe gereizt.«
- Perspektive: »Es könnte auch anders sein: Die Diskussion verläuft rege und zugleich strukturiert. Die meisten beteiligen sich und übernehmen Verantwortung für den Diskussionsverlauf. In regelmäßigen Abständen werden Zwischenbilanzen gezogen und am Ende der Ertrag der Diskussion und offene Fragen festgehalten.«
- Lösungsmöglichkeit: »Wir sollten das Kind nicht mit dem Bade ausschütten und auf Diskussionen verzichten. Wir sollten vielmehr Mittel und Wege suchen, unsere Diskussionen zu verbessern.«

Schluß
»Deshalb schlage ich vor, daß wir uns in der nächsten Sitzung mit den Voraussetzungen für und den Anforderungen an produktive Diskussionen beschäftigen.«

Standpunkt

Steht die Begründung eines Standpunkts im Vordergrund, können Sie Ihrer Argumentation die in Abbildung 14 (Seite 172) dargestellte Struktur geben:

Denkplan	Argumentation	Redeverlauf
3. Schritt: Einstieg ⇧	**Einleitung** Behauptung	**1. Schritt:** Einstieg ⇩
2. Schritt: Begründung ⇧	**Hauptteil** Beleg(e) Beispiel(e)	**2. Schritt:** Begründung ⇩
1. Schritt: Ziel	**Schluß** Standpunkt/Schlußfolgerung	**3. Schritt:** Ziel

Abbildung 14: Argumentationsstruktur Standpunkt begründen

Ein Beispiel:

Einleitung
Behauptung: »Es besteht ein großer Widerspruch zwischen der Verfassungswirklichkeit und dem Verfassungsanspruch, daß niemand wegen des Geschlechts diskriminiert werden darf.«

Hauptteil
Beleg und Beispiele: »In der Wirtschaft, in der Politik, in allen Bereichen des öffentlichen Lebens sind Frauen in Führungspositionen deutlich unterrepräsentiert. So stagniert, trotz des gestiegenen Qualifikationsniveaus von Frauen, ihr Anteil in den Schaltstellen der Wirtschaft bei rund drei Prozent. Im Öffentlichen Dienst sieht es nicht besser aus. An den Hochschulen zum Beispiel sind nicht einmal fünf Prozent der C4-Professuren mit Frauen besetzt.«

Schluß
Schlußfolgerung: »Schöne Reden und unverbindliche Absichtserklärungen ändern nichts an dieser Situation. Notwendig sind wirksame Maßnahmen zur tatsächlichen Gleichstellung der Frauen.«

Sie können Ihre Argumentation mit Hilfe folgender Fragen überprüfen:

- Beruht die Behauptung auf überprüfbaren Tatsachen?
- Stützt mein Beleg die Behauptung?
- Sind die Beispiele treffend (von allgemeiner Bedeutung)?
- Ist also meine Begründung (Beleg und Beispiele) schlüssig?
- Ist die Schlußfolgerung, mein Standpunkt nachvollziehbar?

Mehr als drei Beispiele sind zuviel des Guten: Die Zuhörenden verlieren entweder den roten Faden oder schalten ab.

Entwickeln Sie Ihre Argumentation in der Auseinandersetzung mit den Beiträgen von anderen Studierenden, können Sie ebenfalls auf dieses Argumentationsmuster zurückgreifen. Sie müssen lediglich in der Einleitung diese Meinungen bzw. Auffassungen aufgreifen. Die Einleitung besteht dann aus zwei Teilen: Argumentation aufgreifen und eine Behauptung entgegenstellen. Das zeigen die folgenden Beispiele:

Widerspruch äußern
- Anknüpfung:
  Der AStA-Vorsitzende hat sich dafür ausgesprochen, die Drogenszene vor der Universität »mit aller Härte« aufzulösen.
- Behauptung:
  Ich meine, dieser Vorschlag ist eine schlechte Mischung aus einem Plädoyer für Polizeiwillkür und dem Motto »Heiliger Sankt Florian, verschon mein Haus, zünd andere an.«

Meinungen, Vorschläge verbinden
- Anknüpfung:
  Wir haben zwei Thesen gehört. These 1 lautet: Die deutsche Universität ist »im Kern verrottet«. In der Gegenthese wird die Auffassung vertreten, die deutsche Universität sei »im Kern gesund«.
- Behauptung:
  Meine Synthese lautet: Die Hochschulen haben keinen »Kern« mehr. Sie sind daher weder »kerngesund« noch »im Kern verrottet«. Die Hochschulen sind vielmehr – damit greife ich These 1 auf – sowohl reformbedürftig als auch – damit greife ich These 2 auf – reformfähig.

Standpunkte verbinden und weiterentwickeln
- Anknüpfung:
  Autor A betont die Notwendigkeit, sich zu Beginn des Studiums mit den Standards wissenschaftlichen Arbeitens vertraut zu machen. Autorin B will Studierende ermutigen, neugierig und respektlos an die Wissenschaft heranzugehen.
- Behauptung:
  Ich meine, beide Auffassungen sind (a) keine Gegensätze und müssen (b) ergänzt werden.

Zum Schluß noch vier Hinweise:
1. Notieren Sie Stichworte für Ihren Diskussionsbeitrag. Notizen geben Sicherheit und sind eine Stütze, auch wirklich alles zu sagen, was Sie sagen wollten.
2. Verwenden Sie bewußt die Strukturierungskategorien Behauptung, Begründung, Standpunkt, Schlußfolgerung usw.:
   - Ich *behaupte* ...
   - Diese Behauptung *begründe* ich ...
   - Aus diesen Gründen *ziehe* ich den *Schluß* ...
   - Deshalb vertrete ich den *Standpunkt* ...

   Diese Kategorien geben nicht nur Ihrem Denken eine Struktur, sondern auch Ihrem Beitrag mehr Nachdruck.
3. Beenden Sie Ihren Diskussionsbeitrag nach dem »Zwecksatz«. Fügen Sie nichts mehr hinzu, wenn Sie Ihre Problemlösung oder Aufforderung, Ihren Standpunkt oder Ihre Schlußfolgerung genannt haben. Sie verringern die Wirkung Ihrer Argumentation, wenn Sie ein unbedeutendes Beispiel oder eine nebensächliche Bemerkung nachschieben.
4. Lassen Sie sich durch Fragen nicht aus dem Konzept bringen. Wenn Ihr Diskussionsbeitrag durch eine Zwischenfrage unterbrochen wird, entscheiden Sie, ob Sie diese Frage sofort oder im Anschluß an Ihren Diskussionsbeitrag beantworten. Wie immer Sie sich entscheiden: Nehmen Sie sich Zeit zu antworten. Mit folgenden Mitteln verschaffen Sie sich einen Antwort-Vorlauf:
   - Überbrückungssatz: »Lassen Sie mich kurz nachdenken, um Ihre Frage so präzise wie möglich zu beantworten.«
   - Antwort gliedern: »Deine Frage spricht zwei verschiedene

Aspekte an. Ich gehe zunächst auf ... ein und dann auf die Frage nach ...«
- *Gegenfrage:* »Kannst Du Deine Frage etwas konkreter formulieren?«
- Frage analysieren: »Ihre Frage enthält eine Voraussetzung, die ich nicht teile. Zum angesprochenen Problem meine ich ...«

Cool bleiben: Sich in Diskussionen behaupten

Diskussionen verlaufen nicht immer konfliktfrei. Nicht allen geht es um die Sache, um die gemeinsame Suche nach Antworten oder um Erkenntniszuwachs. Diskussionen können auch ein »Kampf« sein, bei dem es um »Sieg« oder »Niederlage« geht, bei dem die schwache (»wunde«) Stelle in der Argumentation des »Gegners« gesucht wird. Wie können Sie sich wappnen?

Rhetorische Strategien abwehren

Um in Diskussionen zu »gewinnen«, bedienen sich manche rhetorischer Strategien zur Verunsicherung des »Gegners«. Ich stelle Ihnen 13 solcher Strategien vor.[5] Sie sollen diese Tricks durchschauen und sich nicht aus dem Konzept bringen lassen, sondern gelassen reagieren. Ich rate davon ab, diese rhetorischen Strategien selbst anzuwenden. Wer solche Strategien einsetzt,
- schafft sich vielleicht ehrfürchtige Gegnerinnen oder neidvolle Bewunderer – aber keine Freundinnen bzw. Freunde;
- verhindert eine produktive Diskussion und damit Lernen.

Zahlen Sie rhetorische Tricks nicht »mit gleicher Münze« heim. Bleiben Sie sachlich, auch wenn es manchmal schwerfällt. Sie sammeln bei Ihren Kommilitoninnen und Kommilitonen Pluspunkte. Sie können die Mehrzahl der rhetorischen Strategien einfach übergehen oder

---

5 Die Namen und Beispiele für die ersten fünf Bluff-Strategien übernehme ich von Wolf Wagner, S. 5 f.

freundlich aber bestimmt sagen: »Ich denke, es ist zweckdienlicher, Sie verzichten auf diese rhetorischen Strategien.« Oder: »Versuch es doch einmal ohne rhetorische Floskeln.«

Der erste und wichtigste Schritt ist: sich nicht verunsichern zu lassen. Das gelingt, wenn Sie erkennen, ob in einem Diskussionsbeitrag mit rhetorischen Mitteln gearbeitet wird und was die beabsichtigte Wirkung der jeweiligen rhetorischen Strategie ist.

Manche der Formulierungen, die ich auf den nächsten Seiten anführe, werden meist ohne Hintergedanken gebraucht. Unter »Verunsichern« finden Sie zum Beispiel die Frage: »Sind Sie da ganz sicher?« Das kann eine harmlose Frage sein. Es kommt also auf den Zusammenhang an, in dem diese Frage gestellt wird – und auf die Person, die sie formuliert.

1. Mängel-Rüge

– Relevanz-Klatsche:
Das ist ja sehr originell, aber ich kann die Relevanz für das Thema nicht sehen.

– Differenzierungs-Spachtel:
... aber das müßte viel differenzierter angegangen werden.

– Literatur-Schraube:
... aber die neuere französische Literatur ist nicht genügend eingearbeitet.

– Aspekt-Zwicke:
... aber Sie hätten den internationalen Aspekt stärker berücksichtigen müssen.

– Dialektik-Rutsche:
... wobei Ihre Analyse an der Dialektik von Teil und Ganzem vorbeigeht.

Das Prinzip der »Mängel-Rüge« besteht darin, Unzulänglichkeiten vorzuwerfen, die nicht behoben werden können, weil nicht präzise formuliert wird, worin diese Unzulänglichkeiten bestehen.

Reaktionsmöglichkeiten: Bestehen Sie darauf, daß zur Sache diskutiert wird; verweisen Sie auf die Möglichkeit, daß Fehlendes, von der Person, die es bemängelt, nachgetragen werden kann: »Ich möchte, daß über meinen Ansatz diskutiert wird. Die neuere französische Literatur können Sie gerne in diesem Zusammenhang einbringen.« Oder: »Zur Sache bitte und keine Benotungen.« Wenn Sie sicher sind, daß gebluff wird: »Erläutere doch einmal rasch die Dialektik von Teil und Ganzem.«

2. Wissenschaftlichkeits-Hammer

Ihre Thesen genügen nicht den Anforderungen wissenschaftlicher Maßstäbe.

Der »Wissenschaftlichkeits-Hammer« ist eine Steigerung der »Mängel-Rüge«. Er soll Sie aus dem Kreis der Ernstzunehmenden ausschließen.

Reaktion: Wie bei der »Mängel-Rüge«. Sie können zudem darauf verweisen, daß niemand über das Monopol verfügt zu definieren, was wissenschaftlich ist und was nicht: »Zum Glück hast du nicht das Definitionsmonopol über Wissenschaft.«

3. Niveau-Falle

Sie passen sich auf Kosten des wissenschaftlichen Niveaus doch zu sehr dem Publikumsgeschmack an.

Prinzip dieser rhetorischen Strategie ist es, einen Vorzug (Verständlichkeit) als Schwäche abzuwerten.

Reaktion: »Zur Sache bitte.« Oder (polemisch): »Nur kein Neid. Zur Sache bitte.« »Lieber ein klar formulierter Gedanke als zehn unverständliche Sätze.«

4. Sprach-Nebel

Man muß die ganze Komplexität der Zusammenhänge in ihrer dynamischen Entwicklung und Konfiguration berücksichtigen, wenn man zu präzisen Aussagen kommen will, was in Anbetracht der kommunikativen ...

Mit solchen Formulierungen soll der eigene Standpunkt gegen

Kritik immunisiert werden. Reagieren Sie ironisch: »Das hast du aber schön gesagt, sag es doch noch mal.«

5. Prominenten-Zitat

Wie sich schon bei XYZ nachlesen läßt.

Das (häufige) Zitieren von Autoritäten der Wissenschaft soll einen Standpunkt-»Bunker« errichten, Argumente und Diskussion als überflüssig erscheinen lassen.

Reaktion: »Argumente bitte, kein Name-dropping.«

6. Andeutungen

Sieht man einmal von den Schwächen deiner Argumentation ab ...
Fast hätte ich gesagt ...
Auf die vielen Ungereimtheiten deines Beitrags will ich nicht weiter eingehen.

Sie sollen dankbar sein, daß Ihre »Schwächen« nicht bloßgestellt werden und aus Dankbarkeit schweigen. Diese Andeutungen sind in der Regel ein Bluff. Außerdem: Wenn Ihre Argumentation tatsächlich nicht stimmig ist, können Sie nur lernen, wenn Sie die Unstimmigkeiten erfahren.

Fragen Sie deshalb nach: »Welche Schwächen?« »Können Sie das präzisieren?« »Gehen Sie bitte näher darauf ein!« Sie werden erleben, daß alle ins Schwimmen kommen, denen es nicht um eine sachliche Korrektur ging, sondern um Einschüchterung.

7. Selbstbekehrung

Auch ich war früher deiner Auffassung, aber ...
Mir ging es wie Ihnen, bevor ich ...

Mit der »Selbstbekehrung« wird folgendes Ziel verfolgt: Sie sollen an Ihrer Auffassung zweifeln und sich fragen, ob Sie nicht auch Ihre Meinungen hätten ändern sollen. Unausgesprochen wird Ihnen unterstellt, Sie seien nicht lernfähig bzw. würden eine überholte Position vertreten.

Reaktion: Weisen Sie darauf hin, daß eine Meinungsänderung kein Argument ist.

8. Verweis auf früher geäußerte Meinungen

Sie selbst haben einmal gesagt ...
Ich darf dich an deine eigenen Worte erinnern ...
Wenn ich dich einmal zitieren darf ...

Diese Strategie soll das Gegenteil der »Selbstbekehrung« erreichen: Sie sollen verunsichert werden, weil Sie Ihre Meinung geändert haben.

Ob Sie Ihre Meinung ändern oder nicht, ist Ihre Sache. Stehen Sie zu Ihrem Meinungswechsel: »Heute weiß ich es besser.« »Es freut mich, daß du behalten hast, was ich früher dazu gesagt habe. Heute sehe ich die Sache anders, weil ...« »Ich erläutere Ihnen gerne, warum ich das heute anders sehe.«

9. Der Verweis auf die »Natur der Sache«, Meinungen als Tatsachen ausgeben

Tatsache ist doch, daß ...
Es bedarf wohl keiner Begründung ...
Zweifellos ist es so ...
Es liegt doch auf der Hand ...

Diese Strategie soll davon ablenken, daß Argumente fehlen. Es gibt keine Sachzwänge, und alles bedarf einer Begründung.

Ihre Antworten können daher kurz ausfallen. Ein »Nein« oder »Doch« genügt.

10. Verunsichern, polemische Fragen

Sind Sie da ganz sicher?
Woher wissen Sie denn das so genau?
Glauben Sie das wirklich?
Ist das dein Ernst?

Wer ist schon ganz sicher? Haben Sie sich das, was Sie meinen, gut überlegt, sind Sie (vorläufig) ganz sicher – und können deshalb kurz und bestimmt antworten: »Ja« bzw. »Ich habe mich informiert.«

11. Suggestiv-Fragen

Ist es nicht so, daß ...
Habe ich nicht recht, wenn ich ...
Auch hier kommen Sie mit einer knappen Antwort aus: »Nein!«

12. Status-Vorwurf

Da Sie als Frauenbeauftragte nur bestimmte Interessen verfolgen, dürfte Ihre These ohnehin fragwürdig sein.
Du kannst in Erziehungsfragen gar nicht mitreden. Du hast doch keine Kinder.

Es ist ein beliebter Trick, ein Argument abzuwerten mit dem Verweis auf die Person, die dieses Argument anführt.

Weisen Sie darauf hin, daß von der »Quelle« einer Aussage nicht auf deren Qualität geschlossen werden kann: »Der Hinweis auf mein Amt als Frauenbeauftragte ist kein Ersatz für ein schlüssiges Gegenargument.« »Es geht nicht um mich, sondern um meine These, daß antiautoritäre Erziehung ...«

13. Verunglimpfen

Deine Ausführungen beweisen, daß du meinen Vorschlag nicht verstanden hast.
Sie konnten offensichtlich meiner Argumentation nicht folgen.

Überhören Sie Verunglimpfungen und reagieren Sie mit »gerade weil«: »Gerade weil ich deinen Vorschlag verstanden habe, lehne ich ihn ab.« »Gerade weil ich Ihre Argumentation verstanden habe, widerspreche ich nachdrücklich.«

Bei Ihrer Entscheidung, wie Sie auf rhetorische Strategien reagieren, müssen Sie bedenken, wer sie einsetzt. Einem Professor oder einer Professorin werden Sie nicht antworten: »Es freut mich, daß Sie behalten, was ich früher dazu gesagt habe. Heute sehe ich die Sache anders, weil ....« Und Sie sollten künftig nicht hinter jeder Frage oder Aussage eine rhetorische Strategie vermuten.

Argumentationstricks

Der letzte Satz gilt auch für die folgenden Hinweise. Ich stelle Ihnen einige Argumentationstricks vor. Wenn Ihnen diese Argumentationsmuster in Diskussionen begegnen, heißt das nicht notwendig, daß jemand Sie überrumpeln will. Diese »Argumente« können auch deshalb vorgetragen werden, weil eine Diskussionsteilnehmerin selbst einem Scheingegensatz aufsitzt oder ein Diskussionsteilnehmer nicht erkennt, daß er unzulässig verallgemeinert.

Scheingegensätze

Die Universität muß sich entscheiden, ob sie Ort der Wissenschaft sein will oder eine Bildungseinrichtung.
Entweder wir arbeiten effektiv, oder wir räumen den Studierenden Mitbestimmungsrechte ein.

Bei Entweder-Oder-Argumenten sollten Sie kritisch prüfen, ob tatsächlich ein Gegensatz oder Widerspruch vorliegt. Schließen sich wissenschaftliche Forschung und Bildung wirklich aus? Gibt es notwendig einen Widerspruch zwischen Effizienz und Mitbestimmung? In jedem Fall müssen solche Aussagen belegt werden. Worin besteht der Gegensatz zwischen effektivem Arbeiten und studentischer Mitbestimmung? Welche (empirischen) Belege gibt es dafür, daß wissenschaftliche Forschung und Bildung einander ausschließen?

Unzulässiger Umkehrschluß

Mit dem GAB-AStA haben wir bei der Hochschulleitung viel erreicht. Wenn wir was erreichen wollen, brauchen wir einen GAB-AStA.

Die Tatsache *wenn A, dann B* läßt sich nicht einfach umkehren in *wenn B, dann A*: Wenn Wasser kocht, sprudelt es. Aber es muß nicht kochen, wenn es sprudelt. Das Sprudeln kann auch andere Ursachen haben. Wenn ich Durst habe, trinke ich etwas. Wenn ich etwas trinke, muß ich keinen Durst haben.

Scheinursachen, Scheinzusammenhänge

Im Norden Europas sind die Menschen größer als im Süden. Im Norden Europas leben mehr Protestanten als Katholiken. Protestantismus fördert das Wachstum.
Im Sommer '96 kamen viele Störche nach Schleswig-Holstein. Im Frühjahr '97 wurden deutlich mehr Kinder geboren als im Jahr zuvor. Es besteht also ein Zusammenhang zwischen ...
Der Unsinn ist offensichtlich.

Unzulässige Verallgemeinerung

In Stuttgart haben die Grünen mit einem personenbezogenen Wahlkampf 1996 ein sehr gutes Ergebnis erzielt. Nur wenn die Grünen einen personenbezogenen Wahlkampf machen, sind sie erfolgreich.

Von der Situation in Stuttgart kann nicht zwingend auf andere Städte, Bundesländer oder gar die gesamte Bundesrepublik geschlossen werden. Wenn Rita Schokolade mag und Studentin ist, dann heißt das noch lange nicht, daß alle Studentinnen gerne Schokolade essen.

Scheinlogik

Nach unseren Kriterien muß ein Kandidat bzw. eine Kandidatin für das Studierenden-Parlament über hochschulpolitische Kompetenzen verfügen. Tobias war zwei Jahre lang im Fachschaftsrat aktiv. Deshalb sollte Tobias auf unsere Kandidatenliste.

Zwei Jahre im Fachschaftsrat aktiv gewesen zu sein, bedeutet nicht notwendig, über hochschulpolitische Kompetenzen zu verfügen. Die Argumentation hat folgende Struktur: Geier können fliegen (richtig). Geier sind Aasfresser (richtig). Aasfresser können fliegen (falsch). Aus zwei zutreffenden Feststellungen läßt sich nicht zwingend eine dritte ableiten.

Frage nach dem Beweis, der nicht erbracht werden kann

»*Diejenigen, die gegen die Nachrüstung sind, werden beweisen müssen, daß dies unsere Sicherheit erhöht.*«

Diese Aufforderung richtete der ehemalige Präsident der USA,

Ronald Reagan, in einer Rede vor dem Bundestag an die Gegnerinnen und Gegner der Nachrüstung. Der Trick: Diejenigen, die gegen die Nachrüstung waren, hatten keine Chance, diesen Beweis zu führen. Der Nachweis, daß ohne Waffen der Frieden sicher ist, kann nur *praktisch* geführt werden. Und dazu muß man an der Regierung sein. In der Opposition kann der Nachweis nicht geführt werden.

Und wenn Sie ...

... der Diskussionsverlauf stört? Sprechen Sie es umgehend an. Verfallen Sie nicht in Schweigen, und warten Sie nicht, bis Sie so viel Unmut aufgestaut haben, daß Sie nur noch heftig oder mißmutig reagieren können. Beschreiben Sie präzise, was Sie aus welchen Gründen stört, und sagen Sie, wie weiter verfahren werden soll:
- »Wir haben verabredet, daß wir als dritten Tagesordnungspunkt unser Wochenendseminar planen. Wir haben nur noch zwanzig Minuten Zeit und sind immer noch beim zweiten Tagesordnungspunkt. Ich beantrage, daß wir die Diskussion zu diesem Punkt jetzt beenden, damit noch genügend Zeit bleibt, das Wochenendseminar vorzubereiten.«
- »Ulf, du hast mich jetzt zum dritten Mal unterbrochen. Ich möchte ungestört ausreden können. Halte dich bitte an die Redeliste, und falle mir nicht mehr ins Wort.«

...Vielredner nerven? Sagen Sie ihm oder ihr, daß es Sie stört, wenn jemand lange (am Thema vorbei) spricht. Sie können zudem:
- deutlich machen, daß Sie noch andere Meinungen hören möchten,
- auf das Ziel der Diskussion verweisen, wenn ein Vielredner sein Steckenpferd reitet statt zur Sache zu reden,
- eine formale Regelung vorschlagen, eine Begrenzung der Redezeit beantragen.

... »Miesmacher« stören? In Diskussionen gibt es fast immer Teilnehmerinnen und Teilnehmer, die alles kritisieren, jeden Vorschlag ablehnen (in »jeder Suppe ein Haar entdecken«). Sprechen Sie es an, wenn Sie dieses Verhalten stört. Sie können ferner:
- nach Vorschlägen bzw. Alternativen fragen: »Was schlägst du vor?« »Wie würden Sie es machen?«

- fragen, warum und mit welchem Interesse die betreffende Person an der Diskussion teilnimmt,
- in Ausnahmefällen polemisch reagieren: »Du wirst bestimmt dagegen sein, wenn ich ...«.

... Definitions-Fanatiker quälen? Es gibt Studierende, die eine Vorliebe dafür haben, ständig nach Begriffen und Definitionen zu fragen: »Was verstehst du eigentlich unter ... ?«, »Welche Bedeutung hat für Sie der Begriff ... ?« Weisen Sie Definitions-Fanatikerinnen und Begriffe-Abfrager darauf hin, daß es Ihnen um die Klärung einer Frage, um das Verständnis eines Problems geht und nicht um statisches Lehrbuchwissen.

Sich als Studentin in Diskussionen behaupten

Sie haben sicher folgende Situation schon einmal im Seminar oder in der Mensa beobachtet: Eine Studentin bringt ein Argument in die Diskussion und findet keine Resonanz. Wenig später trägt ein Student die gleiche Überlegung mit anderen Worten vor – und bekommt ein lebhaftes Echo.

Männer haben in unserer Gesellschaft einen Bonus. Ihre Beiträge werden mehr beachtet als die von Frauen, ihre Vorschläge finden eher bzw. größere Zustimmung. Männer machen von diesem Bonus regen Gebrauch: Sie reden mehr als Frauen. Das Klischee von der geschwätzigen Frau und dem schweigsamen Mann trifft ebensowenig zu wie der bösartige Spruch: »Ein Mann ein Wort, eine Frau ein Wörterbuch.«

Das Gesprächsverhalten von Männern unterscheidet sich von dem der Frauen. Männer verfügen über ein breites Spektrum von Strategien, mit denen sie versuchen, Gespräche zu dominieren: Sie reden lauter als Frauen. Sie sprechen bestimmt, auch wenn sie nicht sicher sind. Männer unterbrechen Frauen häufiger als Männer. Sie unterbrechen Frauen mit Bemerkungen, die sie gegenüber Männern nicht machen: mit Kommentaren, die sich auf das Aussehen, die Kleidung usw. beziehen. Und sie stellen Bewertungsfallen auf: Reden Frauen leise und zurückhaltend, werden sie nicht beachtet und nicht ernstgenommen. Sprechen Frauen selbstbewußt und bestehen auf ihrer Meinung, gelten sie als aggressiv oder »unweiblich«.

Schwarzmalerei? Übertreibungen? Es gibt Ausnahmen. Diese Ausnahmen bestätigen die in vielen Untersuchungen belegte Regel (vgl. Senta Trömel-Plötz und Luise F. Pusch): Männer machen in Gesprächen und Diskussionen Frauen das Leben schwer. Selbst wenn Männer sich zurückhalten, kann das noch ein Dominanz-Mechanismus sein: Sie sagen nichts und zeigen damit, daß es sich um ein unwichtiges »Frauenthema« handelt: »Laß *das* mal die Frauen regeln.«

Was können Sie tun, wenn Sie diese Erfahrungen machen? Sich dem männlichen Gesprächsverhalten anpassen? Ich beobachte häufig, daß Studentinnen in Seminaren einander signalisieren: Ich finde das Imponiergehabe des Diskussionsteilnehmers komisch oder störend. Es macht wenig Sinn, das nachzuahmen, was als komisch oder störend empfunden wird. Selbstsicheres Auftreten ist ein besseres Mittel, um dem Männerbonus entgegenzutreten.

Ich habe auf den vorangegangenen Seiten Hinweise gegeben, wie Sie strukturiert argumentieren und rhetorische Tricks zurückweisen können. Was können Sie noch für ein selbstsicheres Auftreten tun?

1. Sich nicht unterbrechen lassen und auf Unterbrechungen hinweisen:
   »Ich möchte meinen Gedanken zu Ende führen.«
   »Unterbrich mich bitte nicht.« (»Lassen Sie mich bitte ausreden.«)
   »Es ist das dritte Mal, daß du mich unterbrichst.«

2. Auf Antworten bestehen:
   »Ich möchte, daß Sie meine Frage beantworten.«
   »Ich möchte, daß du auf meinen Vorschlag eingehst.«

3. Das eigene Thema nicht untergehen lassen:
   »Mein Vorschlag wurde noch nicht zu Ende diskutiert.«
   »Ich möchte, daß auf meine Anregung eingegangen wird.«

4. Nicht immer mitlachen:
   Es gibt – vor allem in Medizin und Jura – noch immer Professoren und Studenten, die gerne Witze über Frauen erzählen, die Frauen

abwerten oder für dumm erklären. Das ist mehr als nur unhöflich oder peinlich. Es geht dabei um Überordnung und Unterordnung: Wer darf über wen herziehen, wer darf auf wessen Kosten lachen? Verderben Sie denen, die solche Witze erzählen, den Spaß: lachen Sie nicht mit. Sie werden dann vielleicht als humorlos oder prüde gelten. Aber ist das Urteil derer wichtig, die solche Witze erzählen? Sagen Sie diesen Witzbolden, daß Sie solche Witze nicht komisch finden, sondern diskriminierend.

5. Keine Unsicherheits-Signale senden:
Sie können die Wirkung Ihrer Diskussionsbeiträge durch bestimmte Formulierungen schmälern, die als Unsicherheits-Signale aufgenommen werden. Dazu gehören vor allem folgende:
- Ich brauche Zustimmung
   Fügen Sie an Ihre Aussagen keine Fragen an: »Diese These ist doch nicht haltbar, *nicht wahr?*« Wenn Sie wissen möchten, ob diese These haltbar ist, stellen Sie eine Frage. Wenn Sie der Auffassung sind, daß sie nicht haltbar ist, fragen Sie nicht, sondern vertreten Sie Ihre Meinung: »Ich meine, daß diese These nicht haltbar ist, weil ...«. In diese Kategorie von Unsicherheits-Signalen gehören auch:
   Ich glaube ...
   Ich würde sagen ...
   Könnte es nicht sein ...?
   Vielleicht sollten wir ...
   Eigentlich wollte (meine) ich ...
   Meinst du nicht auch ...?
   Sollten wir nicht besser ...?
Überspitzt: »Vielleicht sollten wir davon ausgehen, daß es unter Umständen irgendwie schwerfällt, etwas mit Bestimmtheit zu sagen, oder?« Fragt eine Studentin: »Sollten wir das nicht vielleicht so machen?« und ein Student antwortet: »Ja, so machen wir das«, gewinnen die übrigen Studierenden leicht den Eindruck, daß er einen Vorschlag gemacht hat – weil er sich bestimmt ausdrückt. Kurz: Sprechen Sie nicht fragend, wenn Sie keine Frage haben. Formulieren Sie Behauptungen und Meinungen als Behauptungen und Meinungen.

- Ich traue mich nicht, »ich« zu sagen

»Ist das nicht eine unzulässige Verallgemeinerung?«

»Wir sollten wieder zum Thema zurückkommen.«

»Müssen wir nicht erst klären, ob ...?«

In diesen Aussagen wird die eigene Person versteckt; Meinungen werden nicht eindeutig als solche, sondern als Frage formuliert. Selbstsicheres Reden dagegen bedeutet: Verantwortung übernehmen und sich keine Rückzugsmöglichkeiten offen halten. Sagen Sie, was Sie meinen – sagen Sie »ich«:

»Ich halte das für eine unzulässige Verallgemeinerung.«

»Ich möchte, daß wir zum Thema zurückkommen.«

»Ich meine, wir müssen erst klären, ob ...«

- Wer bin ich denn schon?

Schwächen Sie Ihre Aussagen nicht ab, indem Sie sich selbst oder Ihre Meinung abwerten oder kleinmachen durch Formulierungen wie:

»Ich bin keine Expertin auf diesem Gebiet.«

»Das ist nur so eine Idee vor mir.«

»Mehr fällt mir dazu nicht ein.«

»Ich meine bloß.«

»Ich weiß ja nicht, ob das jetzt paßt (dazugehört).«

Mit solchen Formulierungen laden Sie unnötig zu Kritik ein. Machen Sie sich selbst und anderen deutlich, *daß* Sie etwas zu sagen haben.

- Darf ich auch was sagen?

Beginnen Sie einen Diskussionsbeitrag nicht mit einer einleitenden Bitte um das Rederecht. Dieses Recht steht Ihnen zu. Vermeiden Sie deshalb Floskeln wie:

»Wenn ich auch einmal etwas dazu sagen darf.«

»Ich würde gerne einmal fragen ...«

Sie werden vielleicht einwenden, das seien nur Höflichkeitsfloskeln. Bei anderen können solche Einleitungen jedoch als Unsicherheit ankommen.

Solche Redewendungen werden meist unbewußt verwendet. Auch Studenten benutzen manchmal solche Formulierungen – aber eben nur manchmal, in bestimmten Situationen (zum Beispiel gegenüber Professoren). Wenn zwei das gleiche sagen, ist es noch lange nicht dasselbe. Frauen haben in Gesprächen und Diskussionen keinen Bonus. Verschlechtern Sie Ihre Ausgangsbedingungen nicht durch sprachliche Signale, die als Unsicherheit wahrgenommen werden können. Vermeiden Sie Abschwächungen. Sprechen Sie bestimmt.

Leiten statt leiden: Diskussionen leiten

Wenn in einem Seminar die Möglichkeit besteht, die Diskussion zu leiten, nutzen Sie sie. Es ist eine Chance, etwas Nützliches zu lernen – fürs Leben. Als erste Übungsschritte bieten sich Diskussionen an, bei denen sich die Leitung darauf beschränkt, Wortmeldungen zu registrieren und auf die korrekte Reihenfolge der Redebeiträge zu achten.

Der nächste Schritt sind Diskussionen, bei denen die Leitung eine größere Rolle spielt, die Diskussion strukturiert. Für diese Situation gebe ich Hinweise, die mit einer Voraussetzung verknüpft und mit einer Einschränkung verbunden sind. Die Voraussetzung: Sie sind mit dem Thema vertraut, über das diskutiert wird. Die Einschränkung: Wenn Sie ein Referat gehalten haben, sollten Sie in der anschließenden Diskussion nicht die Leitung übernehmen. Denn entweder überfordern Sie sich mit der Aufgabe, auf Fragen und Einwände einzugehen und für eine strukturierte Diskussion zu sorgen, oder Sie machen sich unbeliebt, weil Sie die Diskussion dominieren.

Ich behandle auf den nächsten Seiten Diskussionen, die in einem eher förmlichen Rahmen stattfinden. Manche Erläuterungen gehen daher über die Anforderungen hinaus, die sich in einem Seminar stellen, in dem die Teilnehmerinnen und Teilnehmer einander kennen. Nach meinen Erfahrungen kann der eine oder andere Hinweis über verbindliche Umgangsformen im Seminaralltag nützlich sein. (Die weitergehenden Hinweise sind in einer kleineren Schrift gesetzt.)

Eine Diskussion vorbereiten

Unvorbereitet mag ein Brainstorming gelingen, eine Diskussion, in der *erste* Überlegungen über Probleme, Ziele, Fragestellungen und

Arbeitsweisen zusammengetragen werden sollen. Alle anderen Formen der Diskussion bedürfen der Vorbereitung. Wer die Leitung einer Diskussion übernimmt, sollte sich Klarheit darüber verschaffen,
- welches Ziel mit der Diskussion verfolgt wird,
- welche Fragen bzw. Probleme im Mittelpunkt stehen sollen,
- in welcher Reihenfolge diese Fragen und Probleme besprochen werden sollen,
- welche Bezüge zu anderen Themen der Lehrveranstaltung hergestellt werden können,
- welche Probleme und Zusammenhänge wie visualisiert werden können,
- wieviel Zeit zur Verfügung steht.

Eine Diskussion eröffnen

Zur Einleitung einer Diskussion gehört die Begrüßung der Anwesenden und die Eröffnung der Diskussion. Machen Sie sich zur Maxime, schlicht einzuleiten: »Ich begrüße Sie (euch) sehr herzlich und eröffne die Diskussion.«

Vermeiden Sie Hinweise auf Selbstverständlichkeiten und tadeln Sie nicht: »Ich freue mich, daß Sie alle so pünktlich erschienen sind.« Oder: »Leider konnten wir wieder nicht pünktlich anfangen.«
Liegt eine *Tagesordnung* vor, folgt die Vorstellung der Tagesordnung: Welche Themen sollen in welcher Reihenfolge behandelt werden, wie lange dauert die Diskussion, wann ist eine Pause vorgesehen.
Daran schließt sich die Frage an, ob es Änderungswünsche bzw. Ergänzungsvorschläge gibt. Ist dies der Fall, und ist die Mehrheit für diese Änderungen bzw. Ergänzungen, wird die Tagesordnung entsprechend verändert. (Gibt es keine feste Tagesordnung, sammelt die Diskussionsleitung Vorschläge zur Tagesordnung und zur Reihenfolge, in der die einzelnen Punkte behandelt werden sollen.)

In der Überleitung zur eigentlichen Diskussion wird
1. kurz das (erste) Thema und das Ziel der Diskussion erläutert,
2. das Thema in Teilthemen gegliedert,
3. zu einem Teilthema hingeführt und
4. die eigentliche Diskussion mit einer Frage eröffnet.

Ein Beispiel: *Wir haben beim letzten Mal beschlossen, uns heute mit der Frage zu beschäftigen ... Ziel unserer Diskussion ist es ...* (1.) *Unser Thema hat verschiedene Aspekte: einen historischen, einen systematischen und einen aktuellen.*(2.) *Da diese Aspekte zusammenhängen, sollten wir nicht diskutieren, mit welchem Aspekt wir anfangen, sondern gleich in die Diskussion einsteigen. Ich schlage vor, daß wir zunächst ... diskutieren.* (3.) *Meine Eingangsfrage lautet: Was ...?* (4.)

Die Eingangsfrage richtet sich an alle. Sie sollte
- kurz,
- verständlich und
- eine offene Frage

sein. Offene Fragen können nicht mit »ja« oder »nein« beantwortet werden: »Wie beurteilt Ihr diese Feststellung?« (statt: »Stimmt Ihr dieser Feststellung zu?«). Offene Fragen lassen unterschiedliche Antworten zu und geben den Teilnehmerinnen und Teilnehmern einen Spielraum.

Anstelle einer Frage kann die Diskussion auch mit einer These eröffnet werden, die zur Stellungnahme herausfordert.

Eine Diskussion in Gang halten

Die Diskussion überschaubar machen

Die Beteiligten können einer Diskussion dann am besten folgen, wenn durch Zwischen-Zusammenfassungen deutlich gemacht wird,
- in welchen Punkten Übereinstimmung besteht,
- wo Differenzen liegen,
- welche Verbindungen zwischen den einzelnen Beiträgen bestehen,
- welche Fragen geklärt und welche noch offen sind.

Ziel und Thema im Auge behalten

In engagiert geführten Diskussionen werden manchmal wesentliche Gesichtspunkte vergessen, oder das Diskussionsziel gerät aus dem Blick. Die Diskussionsleitung hat in einer solchen Situation die Aufgabe,

- an die Themen- bzw. Zielstellung der Diskussion zu erinnern,
- zum Thema zurückzuführen,
- Fragen auszuklammern, die in der Diskussion nicht geklärt werden können,
- die Diskussion zwischen »Eingeweihten« zu verhindern, die über die Köpfe der übrigen Teilnehmerinnen und Teilnehmer hinweg reden.

Hilfestellungen geben

Wenn Sie eine Diskussion leiten, sollten Sie dafür sorgen, daß alle die Chance haben, sich zu beteiligen. Das heißt zum einen: niemanden zu bevorzugen. Das kann zum anderen bedeuten: Teilnehmerinnen und Teilnehmer, die zurückhaltend sind oder denen die Erfahrung mit Diskussionsrunden fehlt, durch Ermunterung und Formulierungshilfen zu unterstützen.

Ermunterung: Wenn Sie den Eindruck haben, jemand möchte etwas sagen, zögert aber, ermuntern Sie die oder den Betreffenden: »Frau Schulz, Sie wollten etwas sagen?« »Jens, hattest du dich gemeldet?« Vermeiden Sie jedoch direkte Aufforderungen: »Torsten, jetzt sag du doch mal etwas.« »Ellen, von dir hab' ich noch gar nichts gehört.«

Formulierungshilfen: Springen Sie helfend ein, wenn eine Teilnehmerin oder ein Teilnehmer nach einem treffenden Begriff sucht, wenn ihr oder ihm ein Satz verunglückt. Bieten Sie eine Interpretation an, wenn nicht deutlich wurde, was die betreffende Person meint: »Wenn ich Sie richtig verstanden haben, sind Sie der Meinung, daß ...«

Stockungen überwinden

Gerät eine Diskussion ins Stocken, können Sie
- die Themen- bzw. Problemstellung noch einmal erläutern,
- den Stand der Diskussion bilanzieren,
- fragen, was an einer weiteren Beteiligung hindert,
- versuchen, durch Fragen die Diskussion wieder in Gang zu bringen. Hilfreich sind: offene, provokative und Informationsfragen. Nicht zweckdienlich sind banale Fragen (Wer gewann gestern die Landtagswahlen?) und Suggestivfragen (Da wir gerade beim Thema »Werte-Verlust« sind, was halten Sie von Homosexualität?). Vorsicht ist geboten bei gezielten Fragen, die viele unangenehm an die Schule erinnern (Was ist unter »Festungshaft« zu verstehen?).

Für einen fairen Diskussionsstil sorgen

Die Diskussionsleitung hat nicht die Aufgabe, Beiträge zu beurteilen bzw. zu bewerten. Es ist die Aufgabe der Diskussionsleitung, Äußerungen zurückzuweisen, die Unterstellungen oder persönliche Angriffe enthalten: »Bitte unterlassen Sie persönliche Angriffe.« Um eine faire Diskussion zu gewährleisten, ist es auch gestattet, unsachliche Teilnehmerinnen oder Teilnehmer zu unterbrechen: »Bitte bleib sachlich und vermeide Unterstellungen.«

Eine Diskussion beenden

Eine Diskussion wird in drei Schritten beendet:
- Schlußwort,
- Zusammenfassung (Beschlußfassung) und
- der eigentliche Abschluß.

Gelegenheit zu einem Schlußwort wird gewöhnlich Referentinnen oder den Teilnehmern einer Podiumsdiskussion gegeben.

In einem Seminar beginnt der Anfang vom Ende mit einer Zusammenfassung der Diskussion:
- Welche Ergebnisse wurden erzielt?
- Welche Übereinstimmungen und welche Differenzen haben sich gezeigt?
- Welche Fragen wurden geklärt und welche blieben offen?
- Welche Schlußfolgerungen können für die weitere Arbeit, das weitere Vorgehen gezogen werden?

Die Zusammenfassung sollte so objektiv und sachlich wie möglich sein. Das gilt besonders dann, wenn Abstimmungen folgen, wenn Beschlüsse zu fassen oder Entscheidungen zu fällen sind.
Am Ende steht der – schlichte – Dank an alle Beteiligten: »Ich beende die Diskussion. Vielen Dank für Ihre (eure) rege Beteiligung. Auf Wiedersehen.«

Literatur

Bader, Renate, Göpfert Winfried: Eine Geschichte »bauen«. In: Winfried Göpfert, Stephan Ruß-Mohl (Hrsg.): Wissenschafts-Journalismus. Ein Handbuch für Ausbildung und Praxis. 3. Aufl. München, Leipzig 1996, S. 98–107

Ballstaedt, Steffen-Peter u. a.: Texte verstehen, Texte gestalten. München u. a. 1981

Bangen, Georg: Die schriftliche Form germanistischer Arbeiten. Empfehlungen für die Anlage und die äußere Gestaltung wissenschaftlicher Manuskripte unter besonderer Berücksichtigung der Titelangaben von Schrifttum. 9. Aufl. Stuttgart 1990.

Beck, Ulrich: Risikogesellschaft. Auf dem Weg in eine andere Moderne. Frankfurt/Main 1986

Becker, Howard S.: Die Kunst des professionellen Schreibens. Ein Leitfaden für die Geistes- und Sozialwissenschaften. Frankfurt/Main, New York 1994

Bénabou, Marcel: Warum ich keines meiner Bücher geschrieben habe. Frankfurt/Main 1990

Brecht, Bertolt: Me-ti/Buch der Wendungen. Gesammelte Werke. Bd. 12. Werkausgabe. Frankfurt/Main 1967

Buzan, Tony: Kopftraining. Anleitung zum kreativen Denken. München 1984

Carroll, Lewis: Alice im Wunderland. Reinbek 1996

Daxner, Michael: Ist die Uni noch zu retten? Zehn Vorschläge und eine Vision. Reinbek 1996

Dichtl, Erwin: Deutsch für Ökonomen. Lehrbeispiele für Sprachbeflissene. München 1995

Eco, Umberto: Wie man eine wissenschaftliche Abschlußarbeit schreibt. Doktor-, Diplom- und Magisterarbeiten in den Geistes- und Sozialwissenschaften. 6. Aufl. Heidelberg 1993

Erlinghagen, Marcel: Die Angst der Studenten vor dem weißen Blatt. Frankfurter Rundschau vom 30. 11. 1995

Feyerabend, Paul: Wider den Methodenzwang. Skizze einer anarchistischen Erkenntnistheorie. 4. Aufl. Frankfurt/Main 1993

Fichtner, Bernd: Lerninhalte in Bildungstheorie und Unterrichtspraxis. Köln 1980

Frank, Andrea: Kann man wissenschaftliches Schreiben lernen? Süddeutsche Zeitung vom 27. 1. 1996

Galtung, Johan: Struktur, Kultur und intellektueller Stil. Ein vergleichender Essay über sachsonische, teutonische, gallische und nipponische Wissenschaft. Leviathan H. 3, 1983

Goethe, Johann Wolfgang von: Gedenkausgabe der Werke, Briefe und Gespräche. Hrsg. von Ernst Beutler. Zürich und Stuttgart 1948 ff.

Greschat, Martin u. a.: Studium und wissenschaftliches Arbeiten. Eine Anleitung. 2. Aufl. Gütersloh 1970

Grossekathöfer, Maik: Die Qual der Korrektur. Süddeutsche Zeitung vom 10. 5. 1997

Harding, Sandra: Feministische Wissenschaftstheorie. Zum Verhältnis von Wissenschaft und sozialem Geschlecht. 2. Aufl. Hamburg 1991

Hoppe, Uwe, Kuhl, Jochen: Diplomarbeiten schreiben am PC. Text, Grafik und Recherche mit Windows, Word und WWW. München 1996

Jäger, Michael: Die Methode der wissenschaftlichen Revolution. Berlin 1985

Junne, Gerd: Kritisches Studium der Sozialwissenschaften. Eine Einführung in Arbeitstechniken. Stuttgart u. a. 1976

Kant, Immanuel: Beantwortung der Frage: Was ist Aufklärung? In: Ehrhard Bahr (Hrsg.): Was ist Aufklärung? Stuttgart 1974

Keitel, Christine, Otte, Michael, Seeger, Falk: Text, Wissen, Tätigkeit. Königstein/Ts. 1980

Kiesewetter, Johann G.: Lehrbuch der Hodegetik oder kurze Anweisung zum Studieren. Berlin 1811

Knorr-Cetina, Karin: Die Fabrikation von Erkenntnis. Zur Anthropologie der Naturwissenschaft. Frankfurt/Main 1991

Kruse, Otto: Keine Angst vor dem leeren Blatt. Ohne Schreibblockaden durchs Studium. 4. Aufl. Frankfurt/Main, New York 1995

Marx, Karl: Thesen über Feuerbach. In: Karl Marx, Friedrich Engels: Werke. Bd. 3. Berlin/DDR 1973, S. 533–535

Meyer-Abich, Klaus Michael: Neue Ziele – Neue Wege: Leitbild für den Aufbruch zu einer naturgemäßen Wirtschaft und Abschied vom Energiewachstum. In: Deutscher Bundestag (Hrsg.): Schlußbericht der Enquête-Kommission »Schutz der Erdatmosphäre – Mehr Zukunft für die Erde – Nachhaltige Energiepolitik für dauerhaften Klimaschutz«. Bonn 1995

Müller, C. Wolfgang: Was man beim Studium verlernen muß. In: Lothar Schweim (Hrsg.): Der andere Studienführer. Weinheim, Basel 1973, S. 78–96

Nietzsche, Friedrich: Sämtliche Werke. Bd. 3. Kritische Studienausgabe. Hrsg. von Giorgo Colli und Mazzino Montinari. München 1980

Popper, Karl Raimund: Auf der Suche nach einer besseren Welt. Vorträge und Aufsätze aus dreißig Jahren. 6. Aufl. München, Zürich 1991

Pusch, Luise F.: Das Deutsche als Männersprache. Aufsätze und Glossen zur feministischen Linguistik. 9. Aufl. Frankfurt/Main 1995

Rückriem, Georg, Stary, Joachim, Franck, Norbert: Die Technik wissenschaftlichen Arbeitens. 10. Aufl. Paderborn u. a. 1997

Trömel-Plötz, Senta: Frauensprache – Sprache der Veränderung. 14. Aufl. Frankfurt/Main 1996

Tucholsky, Kurt: Gesammelte Werke. Hrsg. von Mary Gerold-Tucholsky und Fritz J. Raddatz. Reinbek 1993

Ueding, Gert: Rhetorik des Schreibens. Eine Einführung. 4. Aufl. Weinheim 1996.

Wagner, Wolf: Diskussionswaffen. Kassandra H. 4, 1985, S. 5–6

Waller, Alexia: Das Referat und die Leere. Süddeutsche Zeitung, vom 17./18. 9. 1994

Watzlawick, Paul: Anleitung zum Unglücklichsein. München 1988

Sachregister

Abkürzungsverzeichnis 89
Abschlußarbeit siehe *wissenschaftliche Arbeiten*
Anhang 106
Anmerkungen 103f.
Arbeitstitel 79
Argumentationstricks 181ff.
Argumentieren 168ff.

Befehlslogik 15
Begriffe, problemstrukturierende 72, 74
Belegen siehe *Zitat, zitieren*
Bibliographieren 65

Denkplan 169
Diskussion 165–192
– argumentieren 168ff.
– beenden 192
– bestehen 175
– »Definitions-Fanatiker« 184
– einsteigen 166f.
– eröffnen 189
– in Gang halten 190ff.
– leiten 188ff.
– »Miesmacher« 183
– Verlauf 183
– Vielredner 183
– vorbereiten 188
Dissertation siehe *wissenschaftliche Arbeiten*

Einleitung 89ff.
– vorläufige 79f.
Erkenntnisinteresse 27, 73
Erkenntniswert 23
Exposé 76ff.
Exzerpieren 43ff.

Flipchart 151f.
Flußdiagramm 50f.
Frauen in der Wissenschaft 25f.

Frauenforschung 26
Frauenseminare 26
Fragestellung 71
Fußnoten siehe *Anmerkungen*

Gliederung 88f.
– vorläufige 78f.

Handout 147
Hausarbeit 86–107
– Anhang 106
– Anmerkungen 103f.
– eigene Meinung 101f.
– Einleitung 89ff.
– Gliederung 88
– Hauptteil 94ff.
– Inhaltsverzeichnis 88
– Kapitelstrukturen 95
– Literaturverzeichnis 105f.
– Schluß 104
– Titelblatt 87
– Vorwort 94
s. a. *wissenschaftliche Arbeiten*

Impressum 35
Inhaltsübersicht 89

Lampenfieber 155
Lesen 8f., 29–53, 67ff.
– gezieltes Lesen 30ff.
– Nachbereitung 52f.
– Texte exzerpieren 43ff.
– Texte inhaltlich gliedern 38ff.
– Texte logisch gliedern 40ff.
– Texte visualisieren 47ff.
– Vorbereitung 34ff.
Literatur-Datenbanken 65
Literaturverzeichnis 36, 105

»Männerbonus« 184
Methodenpluralismus 27
Mind Mapping 47f., 60, 144

Nachahmung 18
Netzwerk-Technik 48 ff.

Online-Recherche 65
Originaltitel 34
Overhead-Projektor 149 ff.
- Folieneinsatz 151 f.
- Foliengestaltung 149

Politikwissenschaft 17
Poster 153
Primärliteratur 66, 69

Rechtswissenschaft 24
Reden 10, 129–192
Referat (Vortrag) 147–154
- Anfang 132
- Anschaulichkeit 138
- Dauer 146
- Einleitung 132
- Hauptteil 136
- letzter Schliff 146
- Manuskript 141
- Medien 147
- Schluß 140
- Verständlichkeit 137 f.
- Vorbereitung 130 ff.
Referieren (Vortrag halten) 154–165
- Ängste 154
- Anfang 158 ff.
- Blickkontakt 158
- fehlendes Wort 164
- Gestik 160
- gliedernde Zwischenbemerkungen 162
- Körperhaltung 159
- Lampenfieber 155 f.
- Manuskript 159
- Mimik 161
- Pausen 161
- Rotwerden 163
- Schluß 162
- Versprecher 164
- verunglückter Satz 163
Register 36

rhetorische Strategien 175 ff.
Rohfassung 80 ff.

Sachtitel 34
Schneeballverfahren 64
Schreiben 9 f., 54–128
- akademische Pose 117
- »anspruchsvoller« Stil 117
- Fremdwörter 123
- Funktionsverben 125
- ich, wir, man 126 ff.
- lernen 112
- Satzbau 118
- Umgangssprache 111
- umschreiben 113
- Verständlichkeit 118 ff.
- »Wie-fange-ich-an«-Problem 113
- Wortwahl 123
s. a. Hausarbeit
Schreibhürden 111 ff.
Sekundärliteratur 66, 69

Tabellenverzeichnis 89
Tafel(bild) 153 f.
Themen-Landkarte 148
Thesen 107 ff.
Thesenpapier 107 ff., 147

Unsicherheits-Signale 186
Untertitel 34

Verweis siehe *Zitat*
Vortrag siehe *Referat*
Vorwort 35

Wandzeitung 153
W-Fragen 31 ff., 71
widersprechende Antworten 15 ff., 27
Wissenschaft
- und Angst 18
- und Geschlecht 25 ff.
- als Männerwelt 26
- moderne 25
- und Subjektivität 24
wissenschaftliche Arbeiten

- Arbeitstitel 78f.
- Arbeitsschritte 56ff.
- Bezugsrahmen 73
- Endfassung 85
- Erkenntnisinteresse 73
- Fragestellung 71
- Hochstapler-Themen 62
- Jahrhundert-Themen 62
- Literatur auswerten 67 ff.
- Literatur ermitteln 64ff.
- Literatur sichten 60ff.
- Mode-Themen 62
- Rohfassung 80ff.
- Sachbuch-Themen 61
- Schlußkorrektur 85
- vorläufige Einleitung 78f.
- vorläufige Fassung 83f.
- vorläufige Gliederung 78f.
- Thema analysieren 58
- Thema darstellen 83ff.
- Thema eingrenzen 61f.
- Thema erschließen 59
- Thema erarbeiten 70ff.
- Themenwahl 56ff.
- Ziel 75f.

wissenschaftliche Standards 19–28
- Begründen 20
- Bezüge herstellen 21f.
- Erklären 20f.
- Interdisziplinarität 22
- Objektivität 24ff.
- Selbstreflexion 23ff.

wissenschaftliches Denken 15, 25
Wissenschaftsentwicklung 17, 22
Wissenschaftskarriere 8, 26
Wissenschaftsstil 14, 26
Wissenschaftstheorie 13
Wissenschaftstrends 18
Wissenschaftsverständnis 16

Zitat, zitieren 96
Zitierkartelle 64

Literatur und Geschichte zum Nachschlagen

Herbert A. und
Elisabeth Frenzel
Daten deutscher Dichtung
Chronologischer Abriß der deutschen Literaturgeschichte in 2 Bänden
Band 1
Von den Anfängen bis zum jungen Deutschland
dtv 3003
Band 2
Vom Realismus bis zur Gegenwart
dtv 3004

Horst Dieter Schlosser
dtv-Atlas zur deutschen Literatur
dtv 3219

Leopold Hirschberg
Der Taschengoedeke
Bibliographie deutscher Erstausgaben
dtv 3026

Der Kleine Pauly
Lexikon der Antike
Herausgegeben von Konrat Ziegler, Walther Sontheimer und Hans Gärtner
5 Bände
dtv 5963

Michael Grant und
John Hazel
Lexikon der antiken Mythen und Gestalten
Mit 390 Abbildungen, Stammbäumen und Karten
dtv 3181

Klaus-Jürgen Matz
Wer regierte wann?
Regententabellen zur Weltgeschichte
dtv 3294

Werner Hilgemann und
Hermann Kinder
dtv-Atlas zur Weltgeschichte
2 Bände
dtv 3001 und
dtv 3002

Konrad Fuchs und
Heribert Raab
Wörterbuch zur Geschichte
dtv 3364

Georg Denzler und
Carl Andresen
Wörterbuch Kirchengeschichte
dtv 3245

dtv Wörterbücher zu Sprache und Geschichte

Wahrig
Wörterbuch der deutschen Sprache
Herausgegeben von Gerhard Wahrig
Neu herausgegeben und bearbeitet von
Dr. Renate Wahrig-Buhrfeind
dtv 3366 · CD-ROM dtv 52102

Wahrigs Wörterbuch der deutschen Sprache ist mit 20 000 Stichwörtern in der alten und neuen Schreibweise das aktuelle, grundlegend erweiterte Standardwerk zu allen Fragen der Rechtschreibung, Worttrennung, Grammatik und Aussprache. Es enthält Beispiele für die Verwendung in Sätzen und Wendungen, Redensarten und Sprichwörtern in neuer Rechtschreibung, Bedeutungserklärungen und Verweise auf Wörter gleicher, verwandter oder entgegengesetzter Bedeutung und Angaben zur Silbentrennung (alt und neu).
Mit dem amtlichen Regelwerk zur Rechtschreibreform.

Etymologisches Wörterbuch des Deutschen
Erarbeitet im Zentralinstitut für Sprachwissenschaft, Berlin, unter der Leitung von Wolfgang Pfeifer
dtv 3358
8000 Einträge erklären Herkunft, Entwicklung, Bedeutung und Verwandtschaft von rund 22000 Wörtern der deutschen Sprache.

Wörterbuch zur Geschichte
Von Konrad Fuchs und Heribert Raab
dtv 3364
Über 5200 Einträge geben Auskunft über Ereignisse, Sachbegriffe und Fachwörter aus der Geschichte und angrenzenden Gebieten. Mit Literaturhinweisen und einer systematischen Bibliographie.

Wörterbuch Kirchengeschichte
Von Georg Denzler und Carl Andresen
dtv 3245
Die Grundkenntnisse der Kirchengeschichte werden in über 700 Stichwörtern vermittelt. Mit Papstliste, Personenregister und umfangreichen Quellen- und Literaturangaben.

Wissen zum Nachschlagen: dtv-Wörterbücher

Wörterbuch der Medizin
Mit über 500 farbigen Abbildungen und 70 Tabellen
dtv 3355
Aktuell und auf dem neuesten Stand der Forschung erklärt das Wörterbuch verständlich und genau über 22000 Begriffe aus allen medizinischen Gebieten. Ein modernes und zuverlässiges Nachschlagewerk für Laien ebenso wie für Studenten und Fachleute.

Wörterbuch der Chemie
dtv 3360
Rund 3500 Fachbegriffe aus den Kerngebieten – Organik, Anorganik, theoretische und physikalische, technische und angewandte Chemie – werden erklärt. Zusätzlich: relevante Stichworte aus den Bereichen Biochemie, Ökologie, Toxikologie und Lebensmittelchemie.

Wörterbuch zur Astronomie
Von Joachim Herrmann
dtv 3362
Dieses Nachschlagewerk gibt in 3500 Einträgen, zahlreichen Graphiken und Tabellen Auskunft über das gesamte Gebiet der Himmelskunde: Grundbegriffe, Geschichte der Astronomie und die neusten Ergebnisse der Weltraumforschung.

Wörterbuch Psychologie
Von Werner D. Fröhlich
dtv 3285
2200 Stichwörter mit Literaturangaben, englisch-deutschem Verweisregister, ausführlicher Bibliographie sowie eine Einführung in Geschichte, Gegenstandsbereiche und Studienaufbau der Psychologie machen dieses Wörterbuch zu einem zuverlässigen Nachschlagewerk.

Wörterbuch Biologie
Von Gertrud Scherf
dtv 32500
Wissenschaftlich und zugleich allgemeinverständlich informieren rund 4500 Stichwörter über alle Bereiche der Biologie. Dabei werden auch Fachbegriffe aus benachbarten Wissenschaftsbereichen erklärt.

Deutsche Geschichte der neuesten Zeit im dtv

Herausgegeben von Martin Broszat, Wolfgang Benz und Hermann Graml in Verbindung mit dem Institut für Zeitgeschichte, München.

Peter Burg
Der Wiener Kongreß
dtv 4501

Wolfgang Hardtwig
Vormärz
dtv 4502

Hagen Schulze
Der Weg zum Nationalstaat
dtv 4503

Michael Stürmer
Die Reichsgründung
dtv 4504

Wilfried Loth
Das Kaiserreich
dtv 4505

Richard H. Tilly
Vom Zollverein zum Industriestaat
dtv 4506

Helga Grebing
Arbeiterbewegung
dtv 4507

Hermann Glaser
Bildungsbürgertum und Nationalismus
dtv 4508

Michael Fröhlich
Imperialismus
dtv 4509

Gunther Mai
Das Ende des Kaiserreichs
dtv 4510

Klaus Schönhoven
Reformismus und Radikalismus
dtv 4511

Horst Möller
Weimar
dtv 4512

Peter Krüger
Versailles
dtv 4513

Corona Hepp
Avantgarde
Moderne Kunst, Kulturkritik und Reformbewegungen nach der Jahrhundertwende
dtv 4514

Fritz Blaich
Der Schwarze Freitag
dtv 4515

Deutsche Geschichte der neuesten Zeit im dtv

Martin Broszat
Die Machtergreifung
dtv 4516

Norbert Frei
Der Führerstaat
dtv 4517

Bernd-Jürgen Wendt
Großdeutschland
Außenpolitik und Kriegsvorbereitung des Hitler-Regimes · dtv 4518

Hermann Graml
Reichskristallnacht
dtv 4519

Hartmut Mehringer
Emigration und Widerstand
dtv 4520

Lothar Gruchmann
Totaler Krieg
dtv 4521

Wolfgang Benz
Potsdam 1945
dtv 4522

Wolfgang Benz
Die Gründung der Bundesrepublik
dtv 4523

Dietrich Staritz
Die Gründung der DDR
dtv 4524

Kurt Sontheimer
Die Adenauer-Ära
dtv 4525

Ludolf Herbst
Option für den Westen
dtv 4527

Peter Bender
Die »Neue Ostpolitik« und ihre Folgen
Vom Mauerbau bis zur Vereinigung
dtv 4528

Thomas Ellwein
Krisen und Reformen
Die Bundesrepublik seit den sechziger Jahren
dtv 4529

Helga Haftendorn
Sicherheit und Stabilität
Außenbeziehungen der Bundesrepublik zwischen Ölkrise und NATO-Doppelbeschluß
dtv 4530

Die ganze Welt im Taschenbuch

DIERCKE – Taschenatlas der Welt
238 Seiten mit 173 farbigen Karten
dtv/westermann 3400

Handlich, praktisch, übersichtlich

Die 173 farbigen Kartenseiten mit reichhaltiger Beschriftung bringen umfassende topographische und politische Grundinformationen über alle Länder und Kontinente der Erde.

- Übersichts- und Detailkarten
- Deutschlandkarten in großem Maßstab
- Alle 16 deutschen Bundesländer auf eigenen Karten
- Politische Karten der Kontinente
- Physische und politische Erdkarten
- Flaggen der Staaten
- Inhaltsverzeichnis nach Staaten geordnet
- Ausführliches Namenregister

Alle Karten basieren auf dem millionenfach bewährten DIERCKE-Weltatlas.

dtv

Wissen, was Sache ist

Karriere machen statt jobben, selbständig werden statt abhängig bleiben. Namen, Zahlen, Fakten speichern statt vergessen – dtv Ratgeber zeigen, worauf es ankommt.

Sabine Hildebrandt-Woeckel
Der Weg nach oben
Karriereberatung
dtv 36535
Wie kann man seine Karriere gezielt beeinflussen, wo helfen Karriereberater, welche Angebote sind seriös und finanzierbar?

Monica Riedel und Friederike Stüven
Frauen machen Medien
Karriere in Presse, Hörfunk und Fernsehen
dtv 36538
Berufsbilder, Sender- und Printprofile, Ausbildung im In- und Ausland. Mit vielen Interviews und Tips von Insiderinnen.

Dietrich Krämer
Einsteiger, Aufsteiger
Tips und Tricks vom Headhunter
dtv 36523
Ein Insider packt aus. Wie Sie Ihren Traumjob bekommen und worauf Sie bei Vertragsabschluß achten müssen.

Dietrich Krämer
Selbständig werden und bleiben
Tips und Tricks für Newcomer und Profis
dtv 36532
Motivierende Ein- und Aufstiegshilfen. Mit einem übersichtlichen Programm für den Geschäftsaufbau.

Chris Dietsche und Jutta von Westernhagen
Frauen machen Geschäfte
Der Weg zur beruflichen Selbständigkeit
dtv 36520
Von der ersten Idee bis zur Eröffnung des Geschäfts. Mit Beispielen, Arbeitshilfen und Checklisten.

Roland R. Geisselhart und Marion Zerbst
Das perfekte Gedächtnis
Der schnelle Weg zum Superhirn, Gedächtnistraining leicht gemacht.
dtv 36525
Der geniale Kurs, der jedes Gedächtnis spielend leicht zu einem Superhirn macht.

dtv-Atlas Musik

dtv-Atlas Musik
von Ulrich Michels
2 Bände
Mit 250 farbigen Abbildungsseiten
von Gunther Vogel
Originalausgabe
dtv 3022 / 3023

»Man hört nur, was man weiß.«

Bücher über Musik von
dtv/Bärenreiter

Klassische Musik im 20. Jahrhundert
Instrumentalisten, Sänger, Dirigenten, Orchester, Chöre
von Alain Pâris · dtv 3291
Das umfassende, zuverlässige und aktuelle Lexikon für alle Liebhaber klassischer Musik, überarbeitet von Ralf Noltensmeier: Rund 2500 Biographien von Interpreten, etwa 630 Einträge zu Orchestern, Chören, Ensembles. Mit einem alphabetisch geordneten Gesamtregister aller Sänger, Instrumentalisten und Dirigenten. Kein trockenes Nachschlagewerk, sondern Lesestoff zum Schmökern – der ideale Konzertbegleiter.

Rudolf Kloiber
Wulf Kunold
Handbuch der Oper
dtv/BVK 3297
Ein unentbehrliches Nachschlagewerk für alle Opernfreunde: Das klassische Opernrepertoire in 270 ausführlichen Werkbeschreibungen, nach Komponisten geordnet. Es informiert über Handlung, Schauplätze, über Solisten, Stimmfächer und Orchesterbesetzung, über die Textdichtung und den historischen Hintergrund. Anhang: Besetzungsfragen, historisch-stilistische Entwicklung der Oper, Literaturhinweise, Titelregister.

Gerhard Dietel
Musikgeschichte in Daten
dtv 3321/BVK 1174
Ein einzigartiges Nachschlagewerk: Die Werke der abendländischen Musikgeschichte werden in chronologischer Reihenfolge dargestellt. Rund 3000 Einträge reichen vom 2. Jahrhundert n. Chr. bis in die neunziger Jahre unseres Jahrhunderts und erläutern Entstehung, Überlieferung, Stil und Kompositionen. Mit Einführung in die Epochen der Musikgeschichte und mit Personenregister.